上海市新闻出版专项资金资助项目
中国社会工作史料汇编（第一辑）

社会工作导论

蒋旨昂 著

华东理工大学出版社
EAST CHINA UNIVERSITY OF SCIENCE AND TECHNOLOGY PRESS
·上海·

图书在版编目(CIP)数据

社会工作导论/蒋旨昂著.—上海：华东理工大学出版社，2019.2
(中国社会工作史料汇编. 第一辑)
ISBN 978-7-5628-5687-0

Ⅰ.①社…　Ⅱ.①蒋…　Ⅲ.①社会工作–史料–中国
Ⅳ.①D632

中国版本图书馆 CIP 数据核字(2019)第 039044 号

内容提要

《社会工作导论》是著名社会学家蒋旨昂进行中国特色社会工作学理论体系探索的最大成果，是中国第一本社会工作基础教材。全书以阐述社会工作的基本概念与学术地位为开篇，以社会工作与社会学的关系为终篇，中间讨论了社会工作的三大方法、社会行政、社会工作专业教育等内容，体系完备，逻辑严密。在论述依据的选择和实务资料的举例方面，既注重国外较为成熟的经验和做法，又注意与中国的实际相结合，达致了先进社会工作理念和本土化经验的对接。全书篇幅不大，却涵盖了社会工作专业的各个领域，尤其是对社会工作基本概念的剖析，至今无人能望其项背。与当今国内流行的多种社会工作教材相比，蒋旨昂的《社会工作导论》无论是在结构设计方面，还是在内容阐述方面，都毫不逊色。

策划编辑 / 刘　军
责任编辑 / 藕　园　刘　军
装帧设计 / 徐　蓉
出版发行 / 华东理工大学出版社有限公司
地址：上海市梅陇路 130 号，200237
电话：021-64250306
网址：www.ecustpress.cn
邮箱：zongbianban@ecustpress.cn
印　　刷 / 上海展强印刷有限公司
开　　本 / 890 mm×1240 mm　1/32
印　　张 / 4
字　　数 / 72 千字
版　　次 / 2019 年 2 月第 1 版
印　　次 / 2019 年 2 月第 1 次
定　　价 / 68.00 元

华彩百年文章传道
风云世纪专业流芳

谨以此丛书纪念中国社会工作百年历程
谨以此丛书纪念中国社会工作恢复卅年

丛书总序

20世纪初，社会工作作为一种专业被引入中国，到今天已经有了百年历史。中国社会工作的百年发展史跌宕起伏，映射出近代中国的经济社会发展与政治变动情形。

20世纪80年代后期，沉寂了30多年的社会工作在中国内地恢复重建，当时仅有4所高校开设社会工作本科专业。经过近30年的发展，现在已经有300多所高校开设这一专业，100多所高校招收社会工作专业硕士，已经形成从专科、本科到硕士、博士、博士后的完整人才培养体系。与此同时，社会工作实务也渐次开展起来，到2017年年底全国已经注册成立了近7 000家提供专业社会工作服务的社会服务机构，基本涵盖了社会工作的各个实务领域。可以说，社会工作作为一种专业制度安排，在中国内地已然获得高度认可。

回顾近30年中国社会工作的恢复重建历程，我们能够看到一条清晰的发展线索：从最初的“拿来主义”到生成本土理论和实务经验。20 世纪 90 年代到 21 世纪的前 10 年，中国社会工作从课程体系、教学体系到实务操作，基本上照搬了我国香港、台湾地区以及欧美国家较为成熟的模式，也出现了“水土不服”的现象。但是，中国社会工作学术界和实务界没有忘记探索自己的道路，并取得了一定成果。

从 1998 年开始，中国社会工作教育协会组织编写社会工作系列主干教材，跨出了学科自省的步伐。2001 年，王思斌教授提出了社会工作“本土化”的命题，倡导并鼓励人们根据中国的国情、政情和社情进行社会工作教育模式和实务模式的探索与理论提升。在“本土化”导向的驱动下，中国社会工作学术界和实务界努力挖掘“传统资源”，检讨“西方学说”，总结“中国经验”。

作为一家以社会工作图书出版为特色之一的出版单位，华东理工大学出版社一直致力于社会工作“本土化”图书的编辑出版。这次推出的“中国社会工作史料汇编”（第一辑）包括 6 种图书：《社会工作导论》（蒋旨昂著）、《现代社会事业》（言心哲著）、《医院社会工作》（宋思明、邹玉阶著）、《精神病之社会的因素与防治》（宋思明著）、《社会救济》（柯象峰著）、《社会事业与社会建设》（复旦大学社会学系编）。这些著作均为民国时期的出版物，代表了民国时期社会工作理论研究和实务经验的最高水准，具有极大的出版价值。

进入21世纪以来，中国的社会工作学者们通过“参与式行动研究”模式，即作为集理论研究者和政策倡导者于一体的角色深入实践开展专业社会工作，成为推动新的社会服务体系建构、社会组织发展和基层政府社会职能转变的重要力量。“中国社会工作史料汇编”(第一辑)的推出，可谓恰逢其时，能够为中国社会工作学者的进一步探索提供别样的视角和有益的借鉴。

当前，中国特色社会主义进入了新时代，中国社会工作学者要以习近平新时代中国特色社会主义思想为指导，继续深入开展理论建构与实践建构，积极建设具有中国特色、中国风格、中国气派的社会工作理论体系和实务模式，以更好地服务于我国的社会发展、社会建设和社会治理实践，更好地服务于提升我国软实力与国际话语权的建设实践。

愿这套丛书能够更好地助力新时代中国社会工作的发展！

徐永祥

本书导读

与其他活跃于1949年以前的中国社会学家不同，在迄今为止出版的所有辞书里面，都找不到关于蒋旨昂的任何记载。2010年，一直关注华西大学校史的金开泰老先生出版了一本名为《百年耀千秋》的书，才为我们提供了一份较为翔实的蒋旨昂传记资料，但也只有短短的千余字。其实，在20世纪40年代，蒋旨昂在中国社会学界的名气是很大的，他以写作《社会工作导论》和从事“社区政治”研究闻名于社会学界。

一

蒋旨昂又名蒋青立，1911年10月22日出生于河北省丰润县。曾在杭州上小学，后又在北平汇文中学完成初中和高中学业，1930年考入燕京大学社会学与社会服务学系学习社会学。在燕京大学读书期间，蒋旨昂还在燕大开办的清河实验区担任社会服务股股长，那是他从事农村社会调查和社会工作的开端。

在20世纪二三十年代改造农村社会的所有实验区里，只有燕京大学主持的清河实验是真正意义上的专业社会工作实践，因为参加实验的人员均是受过社会学专业训练的燕大师生。清河实验区的社会服务股主要负责儿童工作（儿童教育、儿童健康）、妇女工作（妇女教育、妇女手工、家事改良）和社会教育工作（壁报、旬报、图书馆及平民学校）。在这样的氛围里，蒋旨昂肯定受到了良好的专业训练。

1934年出版的第8卷《社会学界》刊登了蒋旨昂的一篇调查报告——《卢家村》，应该是他在燕大求学期间完成的。卢家村当时隶属于河北省的昌平县（今北京市昌平区），距离清河实验区很近，故而蒋旨昂才有机会对之进行了为期长达一年的实地调查。他的调查不是走马观花，而是住在村子里，真正实现了与农民"同吃、同住、同劳动"，所得到的资料很丰富也很真实。当下不少研究民国时期华北农村的论文，仍然以《卢家村》的记载为原始资料，可见其学术价值之高。

1935年夏天，蒋旨昂从燕京大学毕业，赴美国西北大学留学，主修社会学，1937年获得文科硕士学位，在游历了加拿大、英国、法国、德国、丹麦、瑞典、苏联等国后，于当年冬天回到国内。此时，抗日战争的烽火已经燃遍华夏大地，蒋旨昂只好到大后方去从事教学与研究工作。

1941 年，蒋旨昂任华西协合大学社会学系副教授。当时以研究边疆为宗旨的组织主要有三个，即华西边疆研究会、中国边疆学会、华西大学边疆研究所，既互相配合又各自独立地开展调查研究、实地考察、主办公开演讲、举办文物展览、出版刊物等，表现出边疆研究的繁荣景象。华西大学边疆研究所有计划地派出研究人员到边疆进行实地考察，或收集材料、文物，多次举办边疆文物展览，并写成调查报告或论文、专著发表。1943 年 1 月 12 日至 3 月 16 日，蒋旨昂与李安宅的夫人于式玉一起被派赴西康省黑水地区进行考察。黑水虽属于理县，但交通闭塞，自然条件极为恶劣。历经两个月的艰辛，蒋旨昂收获了大量一手资料，回来后写成《黑水社区政治》一书，成为其“社区政治”研究的开山之作。1943 年，蒋旨昂对重庆附近两个乡的调查，催生出一本很有深度的理论著作——《战时的乡村社区政治》，1946 年由商务印书馆出版，后来还获得了国民政府教育部学术三等奖。在担任华西协合大学社会学讲席的近 10 年时间里，蒋旨昂努力进行具有中国特色的理论探索，除“社区政治”研究之外，还有《社会工作导论》的问世。虽然《社会工作导论》的篇幅不大，却涵盖了社会工作专业的各个领域，尤其是对社会工作基本概念的剖析，至今无人能望其项背。

1950 年 1 月，成都市军事管制委员会对华西协合大学实行军管监督，帮助学校建立新秩序，蒋旨昂被推选为华西协合大学教职员联合会主席。次年,华西协合大学被收归国有,改名为华西大学,蒋旨昂任教务长兼社会学系主任。但1952年高等院校院系大调整,社会工作专业被砍掉,华西大学也由原先的综合性大学变成了高等医学院校,并更名为四川医学院。百般无奈的蒋旨昂只好改行教英语,做行政工作,职务是总务长。

思想改造运动对蒋旨昂的冲击不是很大,因为他的社会地位并不曾下降。他曾任成都市第一届人民代表、全国第一次教育工作者代表大会代表、川西地区第一届特邀人民代表、成都市政协常委。1956年,蒋旨昂加入中国民主同盟,任民盟四川医学院支部委员。1957年,他又列席了全国政协二届三次会议,亲耳聆听了毛泽东在最高国务会议上的讲话。然而,在史无前例的"文化大革命"中,蒋旨昂也未能逃脱受迫害的命运,遭受了非人的待遇,不幸于1970年3月8日在四川医学院附属医院逝世,享年58岁。

1980年1月18日,蒋旨昂追悼大会在四川医学院举行,该院负责人在悼词中高度评价蒋旨昂对工作兢兢业业的态度:"解放初期,在党的领导下,参加学校行政管理工作,不辞劳苦,积极努力,为做好我院接办准备工作起了积极的作用。以后,在负责的教务行政和后勤工作中,认真学习并积极贯彻执行党的方针政策。对工作一贯勤勤恳恳,严肃认真,讲求实干,作风深入。在贯彻勤俭办校的方针中,注意勤俭节约,认真执行财经制度。同时,对学院的基本建设和实验室的改进、仪器设备的充实花了不少心血，做了许多工作。二十多年中，蒋旨昂同志在党的领导下，为办好社会主义医学院，在教务行政和后勤工作中，付出了辛勤的劳动。”[①]虽然是肯定的评价，但是丝毫没有涉及蒋旨昂的社会学成就，这不能不说是一个很大的缺憾。

二

中国社会学史研究专家杨雅彬在《近代中国社会学》一书中这样写道：“民国二十九年（1940）国民党政府社会部的成立，对人才的需求才引起社会学界的注意，各校增加社会事业与社会行政科目，这方面的著作也日渐增多……其中蒋旨昂的《社会工作导论》具有学术上的意义。吴榆珍的《社会个案工作方法概要》是中国第一部个案工作之书。内容比较充实的是张鸿钧主编的《社会行政概论》，但署名为孙本文等。而内容最翔实的是言心哲教授精心撰写的《现代社会事业》一书。”[②]杨雅彬说《社会工作导论》“具有学术上的意义”，当是指这本书奠定了国内社会工作基础教材的编写体例而言。

与当下国内流行的多种社会工作教材相比，蒋旨昂的《社会工

① 此处引文来自蒋旨昂女儿蒋引丝发给作者的邮件。
② 杨雅彬：《近代中国社会学（下）》，中国社会科学出版社2001年版，第854页。

作导论》无论在结构设计方面，还是在内容阐述方面，都毫不逊色，只是篇幅显得短小。在《自序》中，蒋旨昂交代了节约文字的必要性："本书尽量减少事实之报告，不仅为了战时篇幅之节约，也求其提纲挈领而清眉目。至于已经从事社工者，每天工作上的繁重手续，琐细节目，实在够他们忙了，所能抽出的余暇必不为多。为了他们，更要钩玄提要，以省阅读时间。"虽然篇幅短小，但是蒋旨昂试图以之建立中国社会工作体系的努力却昭然若揭。

从全书结构来说，以阐述社会工作的基本概念与学术地位为开篇，以社会工作与社会学的关系为终篇，中间讨论了社会工作的三大方法、社会行政、社会工作专业教育等内容，体系上的完备不言自明。在论述依据的选择和实务资料的举例方面，既注重国外较为成熟的经验和做法，又注意与中国的实际相结合，达到了先进社工理念和本土化经验的对接，尽管这种对接还称不上是"无缝"的。基于这些理由，我认为，蒋旨昂建立中国社会工作理论体系的意图是非常明显的，而且确实也做出了相当大的贡献。

第一，对有关社会工作的几种基本概念做了专门讨论，最后确定了选用"社会工作"这一专业术语，并对其他的关联术语做了严格的界定。他说："所谓社会工作、社会服务、社会事业、社会福利乃至社会行政、社会建设，只是同一内容之相异的名词罢了，有些甚至只是同一事实之不同的译名罢了，随便应用，都无不可。我们却以为一个名词应该代表一个确定的概念；同时，一个概念应该有一个确定的名词来标明。”这段话表明了蒋旨昂在学术上的严肃态度，与言心哲讨论基本概念时的出发点如出一辙。为了讲清楚各个概念间的相互关系，蒋旨昂给出了一幅示意图，以层层递进的格局清晰地揭示了从社会需要起步，到完成社会建设的社会工作过程。蒋旨昂认为，社会工作“是一种发展社会化，以培育个性的过程”，以过程的观点来给社会工作下定义，很有深意。我们现在耳熟能详的社会需要、社会政策、社会建设、小康社会等，正是蒋旨昂当时所着力分析的基本概念，阅读时不能不加以高度关注。

第二，强调社会调查与研究对于社会工作的意义，并给出了几条基本原则。蒋旨昂将社会调查与研究称为社会研习，在于强调“动的过程”，并且注重其应用性。为说明社会研习的重要性及其价值，蒋旨昂给出的实例均为国内最近的资料，昭示了力图使社会工作本土化的努力方向。而对于社会研习如何去做，他提出了“普遍化、区位、站队化、联系化”的原则，但是实用性很差，这也是本书的缺陷之一，读者不可不认识到这一点。

第三，清晰揭示了社会工作三大方法的内涵及适用范围，并讨论了社会行政的作用与原则。个案工作、团体工作、社区组织工作，被视为社会工作的三大方法，蒋旨昂对每一种方法都用了一章的篇幅来介绍，突出显示了他对社会工作实用性的重视。但是，每一种方法都有它的适用范围，蒋旨昂特别提醒大家注意这一点，目的自然是强调各种方法的配合运用。对于新兴的社会行政，蒋旨昂也是当作社会工作的一种方法来阐述的，并且突出了社会行政与一般行政的不同之处。

第四，简要讨论了社会工作专业教育的地位、原则、内容和方法，提出了专业课程设置的意见。蒋旨昂指出，社会工作专业教育应以“训练”“服务”“研究”三者合一为最高原则，并对大学社会工作学系主干课程和具体科目的设置进行了列举。蒋旨昂特别提起社会研习的重要地位，强调一定要为社工学生准备研习场所。我个人认为，蒋旨昂所用的社会研习的概念要比现在的社会工作实习的概念高明一些，因为社会研习更加凸显了社会工作的探索性质，也就是更加注意不同个案独特的一面。而社会工作实习则更像按部就班地走程序。究竟使用哪个术语更好，我们可以一边读着蒋旨昂的著作，一边思考。

三

《卢家村》是蒋旨昂在燕京大学求学期间完成的一篇调查报告，刊载于《社会学界》第 8 卷(1934 年 6 月出版)。该刊编辑在文前配发的按语中写道：“他没有大学生及城市人的傲慢心理和行为，他时常住该村和村民交朋友，有极密切的友谊，他在村民家住过、吃过，参加过他们的婚丧仪式。在这样熟悉的情形之下，所得的材料自然是可珍贵的，而不是通常一般彼此隔膜的正式的调查所可比拟。”蒋旨昂在卢家村住了一年多的时间，深入这个只有255人的小村庄，与村民一同生活，才获得了宝贵的第一手资料。

对于一名大学生，尤其是那个时代的大学生而言，农村生活的艰苦是难以想象的，也是很难接受的。曾主持平教会定县实验区的李景汉就对进入农户调查的艰辛印象极为深刻：“记得初到翟城村时，我去一户农家，那家人为对我表示尊敬起见，烧水泡茶，并拿出久已不用的茶壶、茶碗，上面积了一层厚厚的灰尘。那家人用一条又脏又黑的毛巾反复擦亮，倒上茶水请我喝。当时我从卫生学的角度想，里面不知道有多少细菌。但是我又想，若做社会调查，就要与民众打成一片，这杯茶就必须得喝，否则，就不用做社会调查，明天就收拾行李离开定县。我想了半天，农民是人，我也是人，我为什么不能喝？一咬牙，一口气喝了下去。”[①]是啊，如果不能取得农民的信任，哪里能够得到真实的材料呢？蒋旨昂虽然没有给我们留下他在卢家村调查时遇到的有关生活和心理上障碍的文字，但是我相信，他也是经受了一番脱胎换骨般的磨炼。在信息流通极其顺畅的今天，李景汉、蒋旨昂等人埋头农村，进行深入细致

① 李济东主编：《晏阳初与定县平民教育》，河北教育出版社1990年版，第449页。

调查的精神仍然值得我们学习并发扬光大。

做好社会调查，除了细致认真的精神以外，还需要有娴熟的技术与科学分析的本领。蒋旨昂对卢家村细腻的观察与透析本质的高超能力，在这篇调查报告中得到了充分体现。比如，对于大家印象中几成定势的农村大家庭制度，蒋旨昂就持否定态度，他认为大多数家庭是家长和未婚子女或家长和他的残缺父母同居，家长和已婚儿女居住在一起的情况并不常见。在该村 55 个家庭中，以父母和未婚子女组成的 1.5 代家庭最多，有 27 家，占家庭总数的 49.1%；如以行系而言，家主及其直系亲属为 1 行，非直系亲属为异行，则以 1 行的家庭最多，有 43 家，占家庭总数的 78.2%，也即“家主没有兄弟同居的为普通”，“一对无兄弟同住的夫妇，和他们的未婚子女同住的家为最多”。蒋旨昂并且预测：“因为分家风气的盛行，八九口乃至十几口的家，将来是否仍能多见，就是问题。”分家使得家庭规模和类型往往不是固定为一种家庭模式，而是流动的，譬如由一个核心家庭发展为直系乃至复合大家庭，但经过分家析产，又返回到经济分散的核心家庭，由此阻遏了家庭人口规模的扩大趋势。他从实地调查中得出的这个结论，推翻了许久以来人们的猜想，即中国是一个大家庭制度盛行的国家，由此也超出了纯粹社会调查的意义，而具有了学理上的价值。

搞好社会调查，既要忠实于实地得到的数据，又要对数据进行整理，以条理化的形式呈现给人们。蒋旨昂对于卢家村的各种数据不仅做到了如实记录，而且进行了深度加工，这一点从整篇调查报告中数量众多的表格里可以清晰地看出来。表格的运用增强了调查数据的直观程度，也有利于进行比较分析。对于无法得到准确数据的调查项目，蒋旨昂尽可能给出了相应的解释。例如，在对食物消费的统计数据缺失原因做解释说明时，他是这样交代的："统计的研究指示食物是一般人民生活中一笔最大消费。本村当亦如此，不过确数无法计算。和其他农家消费一样，即使小心记账，绝难准确，因为许多消费是自己直接生产的，也难以一般市价去计算，因为市价较高。粮食除了白米、洋面等很少外买的，菜蔬也是自己种，如果种不起，则所吃也不会高贵，只是些咸菜疙瘩、煞白菜或豆腐而已。肉除了少数人，是不轻易吃的。"农民没有记账的习惯，因而日常消费支出也就无法准确估计了，这不是蒋旨昂的错。但是，蒋旨昂在仔细观察后，流露出对农民艰苦生活的深深同情：农民出外的方法也是步行，或骑驴及其他牲口，"道路虽然不少，但多洼湿，一到春夏，就不易走了"。

卢家村村民生活困苦的原因，蒋旨昂在调查报告中尽管也有意或无意地揭示了一些，但他的重点显然不在这方面，他只是想要如实地记录卢家村社会经济生活的各种细节。有一点是需要我们注意的，就是卢家村只有 4 家没有土地，占家庭总数的 7.3%。其余51家(92.7%)是农户。“这51家中有37家(全村的67.3%,农户的72.5%)是地主,有13家(全村的23.6%,农户的25.5%)是租户,还有一家(全村的1.8%,农户的2%)只是种着典的30亩地。”从土地分配情况来看,造成农民生活困苦的原因不完全在于拥有土地的多少,而是有着极为复杂的原因,在卢家村地主的数量就占全村家庭总数的67.3%。蒋旨昂的调查发现,单纯依靠农业是无法实现自身富裕的,所以村里很多人要外出务工,以至于“在外男口以20至35岁之间的为最多,占63%。这年龄比本村的副业最高年龄轻10多岁。可见人口精华总是被城市吸收去了”。这一发现很重要,它表明城市对农村的优势地位在工业化初期就确立了,外出务工的收入要远远高出农业收入。尽管卢家村有着独特的区位优势,距离北平、清河、昌平等地比较近,不是偏远地区的农村所可比拟的,但由此可洞见一般情形,农村的破产有其必然性。

值得注意的是,蒋旨昂还发现了自然地理事物对村落特征之形成的社会意义。“河流对于卢村的影响不是物质的,而是文化的,南边的清河,北边的沙河,是两条界线,使卢村的风俗和许多在东西一线上的村子差不多,而与清河之南,或沙河之北,就大不相同了。”河流是天然屏障,界划着两岸的社会风物,此一发现意义重大,读者当细心领会。

尽管卢家村调查比不上李景汉的《定县社会概况调查》那么厚重，但以一个村庄作为观察的样本，还是超出了当时所有同类调查的水准。“麻雀虽小，五脏俱全”，蒋旨昂的卢家村调查基本上囊括了这个村庄社会经济生活的方方面面，至今仍有巨大的解剖价值和比较价值。

彭秀良

2018 年 10 月

目　录

李　序

任何科学都有其纯理部分与实用部分，社会学亦不例外。实用社会学就是社会工作。

一般人震于声光化电的效果，相率以自然科学为科学，都承认自然科学有其纯理部分与实用部分；好像社会现象不便列入科学领域以内，即使列入科学领域以内，也要怀疑其实用的可能。

殊不知，任何学问均先由实际经验而来，即先由不自觉的适应过程，慢慢归纳结果，才变成自觉的原理原则。有了这种原理原则，便建立了纯理的科学。再进一步，根据已有的原理原则作为分析的范畴，发展更有效的适应技术，便是实用的科学。更进一步，由着实用的经验归纳成更深更高更广的原理原则，又根据更深更高更广的原理原则作为分析范畴，发展更有效的适应技术。实用与纯理，纯理与实用，就这样互为因果，交相影响不已，成为科学发展的历史。对于自然现象是如此，对于社会现象亦如此。

只是对于自然现象容易客观，故容易自觉。对于社会现象不能不包括主观者在内，故自觉比较困难。容易自觉，故对于自然现象的理解与适应，容易脱离巫术阶级与喜怒好恶等价值心理的阶段，以及不着边际的玄想阶段，而较早地走上科学轨道。自觉比较困难，故对于社会现象的理解与适应，不易脱离巫术阶段与喜怒好恶等价值心理的阶段，以及不着边际的玄想阶段，而较迟地趋于科学轨道。一般人见了已经走上轨道的自然科学，有了严整的原理原则、表证成功的实用效果，于是震眩之余，感觉到自然科学才是科学，自然科学才有实用部分。对于历史较迟的趋势，对于社会现象之能成为科学对象，对于社会科学之能具有实用部分，则因前例不著，效果未宏，尚未引起注意，而即注意了亦多抱着怀疑态度。不但局外人如此，就是社会科学领域以内的人亦不免如此。

其实，科学之能成为科学，不在对象，而在对于对象的态度。对于任何对象，不管青红皂白，其要凭着掐诀念咒而妄加干涉者，便是巫术，不是科学；其要凭着喜怒好恶或予崇拜，或予欣赏，或予排斥者，便是宗教，或者文艺，或者价值裁判，均非科学；其要凭着想入非非而谈玄说怪者，便是玄想，或者造谣，亦非科学。科学只是在适应过程当中归纳出客观的原理原则，并且利用客观的原理原则，发展适应技术，以求更有效的适应，而追求更深更高更广的原理原则而已。对自然现象的态度，有科学与巫术、宗教、文艺、价值判断以及玄想、造谣之分。对于社会现象的态度，亦有科学与巫术、宗教、文艺、价值判断以及玄想、造谣之分。故科学与非科学之分野，不在对象，而在对于对象的态度，其理至明。

然因社会现象即包括主观者在内的缘故，对于社会现象的态度，的确不易客观。整个的社会科学各部门发展得所以较晚，特殊的社会学发展得所以更晚，以及局外局内的人对于这些学问之能成科学或具有其实用部分所以都相当怀疑，其理由乃在于此。

只是我们所要说明的，尚不止于这些。更要再进一步，说明现象本身包括主观者在内并不是决定科学或非科学的关键所在。

上面说过，科学之能成为科学，不在对象，而在对于对象的态度。此处亦可说，科学之能成为科学，不在没有主观，而在对于主观的处置。

即对自然现象的整个适应过程，不管抽离原理原则（范畴）也好（纯理部分），发展适应技术也好（实用部分），都不能没有观点。观点就是主观者的观点。自然科学家的责任，不是建立没有观点的理化、生物诸学——那是不可能的，因为“所知”之中即非包括“能知”不可。必于已有的观点，知道它是观点，明了各个观点的远近、深浅、精粗的范围与程度，在所知结果当中打入观点影响的算盘，才算精确的自然科学。

依同理，对于社会现象的整个适应过程，不管抽离范畴也好，发展技术也好，都不能没有主观者。社会科学家的责任，不在建立没有主观者的政治、经济、社会诸学，而在对于主观者知道他是主观者，知道主观者本在社会现象之中，并且明了主观者因为利害、性别、地位、年龄等不同而有的可能影响，就将这等影响打入适应过程的算盘之中，才是精确的社会科学。

所以一切科学，不管对于自然现象，还是对于社会现象，都有其精确程度之分，质量关系之用。不能说，自然科学是精确的学问为一类，社会科学是非精确的学问另为一类；或者说，自然科学是量的研究为一类，社会科学是质的研究另为一类。盖就科学之为科学而论，应付自然现象也好，应付社会现象也好，只是态度是科学的，打的算盘是科学的，便都算是科学的。自然科学与社会科学的分野，只在应付的对象有所不同而已。

说到这里，便引起了控制对象的纠纷。

有人以为自然现象是可以控制的，社会现象是不可以控制的。故对自然现象得以成为科学，而对于社会现象不得成为科学。殊不知，只要是科学的，便有控制能力；只有非科学的，才没有控制能力。科学的控制，不过是执柯以伐柯罢了，并没有什么神奇。同一伐也，或妄伐，或用崇拜、欣赏、排斥、玄想、造谣等方法便无效，因为这些不是科学的。明了其本身性能(包括对象与工具)而因势利导之,即有效,因为追求其所以然的道理而用以还诸其身,以控制之,正是科学之实用所在。我们因为社会科学前例不著、效果未宏,而怀疑社会科学是否可能,能否实用,自无是处。前例不著,效果未宏,不过是功夫不到家;整个科学的发展史,已经给我们指示出明白的路线了。路线既明,问题只是走多远,如何努力走就是了。

如何努力走向社会科学的路线呢?

第一,我们要引起社会注意社会科学的重要。一般人因为鉴于自然科学在人类战争上的使用,因为不安于杀人的惨祸,便以为此类灾难,都是科学造出来的;于是反对科学,厌恶科学。不知杀人惨祸,不在自然科学本身,而在自然科学利用之不当;不在自然科学太发达了,而在社会科学太不发达了。

怎样说,杀人惨祸,不在自然科学本身,而在自然科学利用之不当呢?因为自然科学乃是控制自然现象的科学,而人类所以要控制自然现象的缘故,乃是要“财非其类,以养其类”,即利用自然界以养卫人类社会而已。将用于自然界的手段,拿来用于人类自己的战争,当然造成杀人惨祸。比如火之发明,本为利用厚生;用火烧人,当然不当。试看自然科学越发达,不是人类的衣食住行越丰美,越便利了吗?我国正因为自然科学不发达,所以才局限于贫困饥难之中。若于此时，尚不急起直追，充分利用自然，正所谓弃货于地；尚不责难自然科学之误用，而鼓吹自然科学之不用，正所谓因噎废食。弃货于地，因噎废食，两无是处，是需要郑重提出者。

怎样说，杀人惨祸，不在自然科学太发达了，而在社会科学太不发达了呢？因为社会现象是人类本身，自然现象是人类四周的世界；虽然人类也是自然世界的一部分，可是人类对于自然世界其他部分的适应，只在求其利用。对于自然世界其他部分的适应若甚粗陋，固然算原始，不过原始的范围尚只是经济的条件。倘若对于自然世界的人类本身那一部分——社会现象的适应过于粗陋，则原始的范围正是社会关系。原始的社会关系——人与人的关系，是较原始的经济条件为严重的。“一箪食一瓢饮”的经济生活，尚可“乐在其中”；而“逾东家墙而搂其处子”或“率兽而食人”的行为型范，则要祸乱众生了。故人与人的适应，为本身幸福，人与物的适应，为利用手段。将对物求利用的手段来对人，如施于炸矿者施于炸人，是犹张冠而李戴。张冠李戴或者无后灾，而用炸矿者炸人，则祸且无穷。

然而怎样达到利用厚生的目的，以避免手段的误用，则在于人与人的关系中探求其原理原则而发达其适应技术。适应结果，是尊重人与人的权界，养成分工合作、交荣互利的习惯。其必要过程为对于民风、民仪及制度等客观分析与合理建设。合理建设者，即追求其所以然的道理而用以还诸其身以控制之之谓。盖物质建设是以人工顺其自然而改变其自然，社会建设亦是以人工顺其自然而改变其自然。“食色性也”，即人之自然。根据食色的自然，而予以营养的配合，婚姻的制定，全盘人格的发展，而由当前享受至于远近大小的取舍，是为改变其自然。旧式理学空谈仁义而无实现仁义的技术。自然科学家只有控制物界的技术，而与利用技术以谋仁义，以实现康乐社会无关。故“脱颖而出”“舍我其谁”，责在社会科学。

社会科学不发达，人生适应之道不得不苦。这在自然科学不发达的时候，纵使兄弟阋墙、骨肉寇离、敌国外患，或是手脚相打，刀枪弓弩相攻，其灾害范围尚浅。适如一般拥护战争者所言，尚有优胜劣汰的天择作用。然至自然科学发达了的今日以至趋势所及的将来，倘不谋求釜底抽薪的办法，消弭战争的根源，则用移山倒海的科学效能来做相攻相杀的勾当，必致玉石俱焚，灭绝人类；即不如此，亦必勇健爱群者先亡，怯弱自私者幸免，而致人类社会于万劫不复的境地。比如小儿玩刀，自割其手，独属小事。置手枪炸弹于不知危险性的一群顽童之手而挑逗其好奇搬弄投掷等活动，则彼顽童，必无孑遗。

故求人类适应之道的社会科学，就一般而论，已比自然科学之为手段者，为有主客的不同。若就自然科学已经发达，社会科学因尚未得舆论的拥护而未发达，因尚未能与自然科学相配合而有危险性而论，则知社会科学之在今日，其成功与否乃是人类的生死关头。为使人类自做主人，利用自然科学的工具；釜底抽薪，消弭战争的根据；尊重人与人的权界，促成分工合作、交荣互利的局面；非得大声疾呼，提倡社会科学不可。

第二，我们要促使社会发动社会科学的实地工作。实地工作，即我们开始所说，自觉的直接经验。直接经验，系对间接经验而言。间接经验或得自传闻，或得自书报，都是参考资料。直接经验，或广或狭，或暂或久，都是亲自印证。有参考，有印证，才有拿得起放得下的本领。因为直接经验与间接经验合糅起来，始起自觉的作用，故我们提出实地工作这件事，并不等于习而不察的直接经验，当然更不等于道听途说的间接经验。

过去所谓学术界的传统，不分中西，都在道听途说的间接经验当中打圈子。子曰诗云也好，亚里士多德说或者柏拉图说也好，都曾根据语言文字，甲注解乙，丙疏证甲，丁又作疏证的疏证，这是所谓述而不作。其不安于疏证的，也不过“语不惊人死不休”，作一作“此一是非，彼一是非”的翻案文章，并不与客观的事实相干。在西洋到了文艺复兴时代，在我国到了新文化运动以后，大多数才承认了“述而不作”与夫翻案文章以外，还有可以实际下手的客观界。然所谓客观界而可以下手者，承认了物质界，只发展了自然科学。

一般所谓蚩蚩者氓，不分古今中外，都在习而不察的直接经验中打圈子。比如鱼在水里，并不自觉到水的存在；人在个别文化类型里，亦不自觉到一时一地的文化类型与其他异时异地的文化类型的来龙去脉。所谓沉沦在经验之中，毛病不在没有经验，而在不能超出当前经验以做高瞻远瞩的功夫。必得直接经验，合以间接经验，发生参考与印证的作用，才能深入客观界，以使客观界变得客观。这套功夫，简言之，叫作实地工作。

根据我们以上的分析，必是科学才有真正的理论与实用，必是社会科学才能提拔原始的社会关系而入于比较高明的关系，才能解除畸形发展的浩劫而得到人类社会的“自在”。那么，自然科学，因为实地工作已经被人承认了，走入康庄大道了。社会科学，因为实地工作尚未得到有力的承认，尚在疏证中打圈子，尚在翻案文章中打圈子，则其未能走入康庄道也固宜。然正因为如此，所以我们更不得不促使社会发动社会科学的实地工作了。

以上说明了科学本身之质性与社会科学之路线。社会学是社会科学的一部分，其质性与路线可不待赘言而自明。其实用部分——社会工作，亦复如是。

在我国范围以内，自然科学尚不太发达，社会科学的努力尚在初期，其中的社会学更在初期的初期。故我们所应致力者，应该普遍地提倡科学；对于以整个的人与其群体为对象的社会学，因其为全称适应所需要，复因其尚在初期的初期，更不能不加倍提倡。

蒋旨昂教授是一位实用社会学的实地工作者。他有纯理社会学的原理原则与实用社会学的适应技术，以及两方面互为因果、交相影响的收获。他因见于“抗建大业，需要千百万社会工作同志齐来参加”，所以他以教学与实证所得，写出一本《社会工作导论》，以为“关心中国社会工作的初学者提出一种认识”，也为“已经从事社工的同志提出一套思考的间架”。

他这本书不是资料的收集，或者消息的报告，而是一套系统的建立、原则的提供。他自社会需要，说到社会政策的定向，救助、预防、促发与组织、训练等社会工作的过程，个案、社团、社区等服务的方法及社会行政的方法，社会福利事业的业果，社会建设的效用，以至达成小康社会以及大同社会的目的。如此，他将自然演化而来的社会工作的程序、方法、术语等爬梳出头绪，树立起系统，而使以后的社会工作成为自觉的适应技术。这样的著作在其领域以内不但国内还没有，国外亦不多见，的确是一种特有心得的创作。然如著者所说，这本著作“究属尝试”，我们自不必在名词字眼上多费功夫。

须得明白：今后的国家，不发展社会学的实用工作则已，倘因事实所迫而必须发展，则本书不管将来修正到如何程度，也是具有促发性能的。今后的世界，倘不纠正自然科学不与社会科学相称的畸形发展则已；倘不解除人生适应之道之穷，而使人类互相毁灭则已；假定人类智慧已到自然觉醒的程度——而且这种假定是大势所趋，且有事实的根据——则其必然的结果，当是盲目竞争的停止，计划自由的建立；权力政治的取消，福利设施的实现；则循本书的视野而适应于世界人群，必是大同社会的有利因素。故于读后感兴所至，特将本书的思考架构，套上一套更为广泛的架构——描绘出本书架构以外学术上的远近布景。是为序。

1945 年春李安宅识于成都华西大学社会学系

自　序

抗建大业，需要千百万社会工作同志齐来参加，社工教育因而有了迫切的需要。大学之中，社工课程之增加，是其明证。社会工作自然应该与其他已有历史的学问一样，有种明确的体系。但是初学者和已经从事社工的人，仍然时感社工之零星散碎，而无从把握其骨干。其故乃在社工新兴，无论中外，还在资料时期，未成一门完整的学问。即使有一两本想要有系统地讨论社工的专书，也全是西洋的，总使我们觉得有点隔靴搔痒，不便直接利用。所以，写了这本导论，打算为关心中国社工的初学者，提出一种系统的认识，也打算为已经从事社工的同志，提出一套思考的架构。

初学者可以从一些关于社工事实的中外书籍和百科全书里面，得到详细的资料和消息。所以本书尽量减少事实之报告，不仅为了战时篇幅之节约，也求其提纲挈领，而清眉目。至于已从事社工者，每天工作上的繁重手续，琐细节目，实在够他们忙了，所能抽出的余暇必不为多。为了他们，更要钩玄提要，以省阅读时间。

本书想用社会学的观点，来建立中国社会工作之体系，虽是根据自己的实地工作和课室经验而拟订的，但究属尝试，尚望社工专家、社会学人，不吝赐教！

1945 年 3 月 20 日蒋旨昂自序于成都华西大学

第一章　社会工作之地位

1944年7月间，笔者参加社会部所召集的大学社会行政课程讨论会，8月初又参加了教育部所召集的文法师范等学院各系课程会议，均曾深感社会工作之意义，但这一意义尚未获得我国学者之一致的了解。即从事社会工作之教学者与实施者，亦因所见不同，而所用名词各异。不求甚解的人，以为何必做名词之事，实质还不是一样的？——所谓社会工作、社会服务、社会事业、社会福利乃至社会行政、社会建设，只是同一内容之相异的名词罢了，有些甚至只是同一事实之不同的译名罢了，随便应用，都无不可。①

① 曾受现代社工训练的专门工作者和教授现在以成都为最多，均愿采用社会工作一词。前在北平的燕京大学曾有社会学及社会服务学系。抗战后，金陵大学有社会福利行政组，壁山国立社会教育学院有社会事业行政学系，均已有四年的历史。更有人喜用社会事业一词，却不能确切表示社工之动的过程和专业的方法等特质。 （转下页）

我们却以为一个名词应该代表一个确定的概念，同时，一个概念应该有一个确定的名词来标明。于是想把十年来从事实地社会工作的一点经验，以及近年来在这方面的教学所得，归纳出一个体系来。其结果便成为图 1－1 试拟的表解：

社会需要——人类愿欲，非常之多，但大别之，可说只有两类：一类要求“安全”，一类要求“活动”。动物全是如此，不过人类更能以后者为重。人类不仅要生存，更要有自由。社会需要是因时因地而变异其形式的，但其本质总不外追求生存之安全和自由的活动。我们知道，自然的环境和人为的制度，是可用以维护人类之安全、扩展人类之活动的，而且又是可以发生毛病，妨碍安全和活动的；那么，时过境迁的变异，当然产生新的需要——要求发挥适当的环境和制度之功用，也要求铲除不适的环境和制度之障碍。这一类的需要不仅是个人的，也是社会的；又不确是不定型的社会的，而事实是有共同趣益（兴趣和利益）关系的社区的。所以，社会需要，正是社区需要。

社会政策——上述那一类的发挥和铲除，都有方针。这种方针，谓之社会政策。广义的社会政策，是不仅限于政权机构所规定

（接上页）也有人以为社会工作的领域，包含民众团体的组训与监督指导、社会运动的指导与监督、社会福利事业的倡导实施与管理，以及合作事业的指导与管理（见钮长耀著《社会工作初稿》，中央社会部 1940 年 12 月印行），虽然颇合现在我国社会行政之发展，却太偏重监督指导的“行政”意义了。——作者注

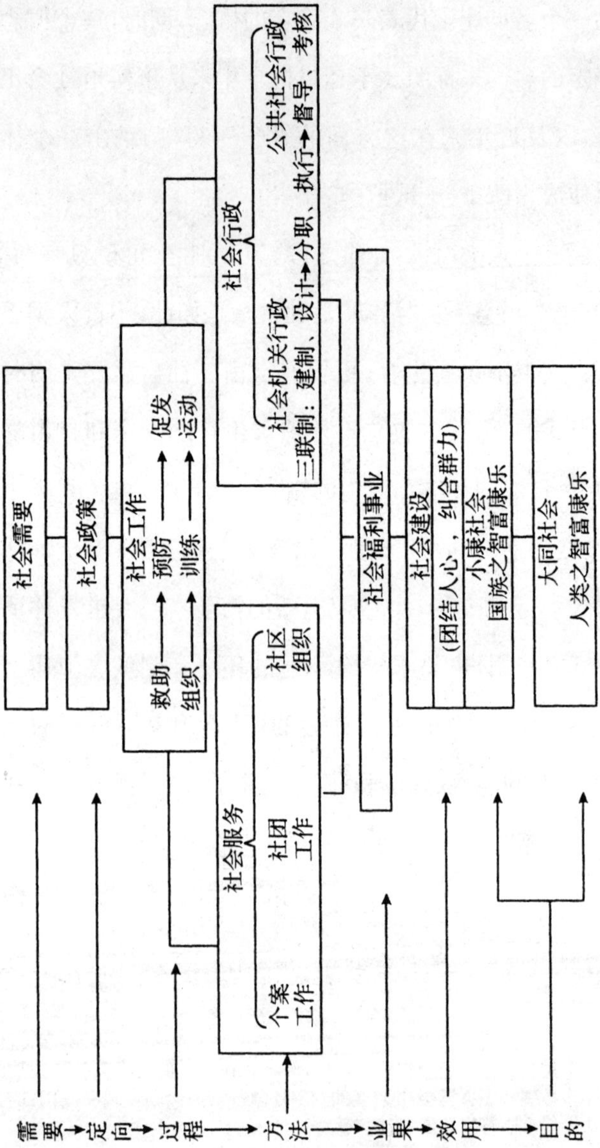
社会需要
社会政策
社会工作
救助——预防——促发
组织——训练——运动
社会服务
个案工作
社团工作
社区组织
社会行政
社会机关行政
公共社会行政
三联制：建制、设计→分职、执行→督导、考核
社会福利事业
社会建设
（团结人心，纠合群力）
小康社会
国族之智富康乐
大同社会
人类之智富康乐
需要→定向→过程→方法→业果→效用→目的

图1-1 社会工作表解

的，也不仅限于书面文字所标明的（如各种社会立法的条文），而包括一切社会计划、社会改革或社会进步之有意的方针或路线。[1]

社会需要不止一种，社会政策因之便会有相应的多种。而且，多种需要是相关的，多种政策因之便也是要相关而一致的。所以表上所画的"社会需要"是一长形，用几根半截线条表示了哪些需要是可以分开而又相关的。社会政策也是如此。这种相关而一致的许多政策，综合来看，有着一处总方向，一个基本主义。如果政策之中有不合这总方向的，便会与其他政策相矛盾；根据这政策所实行的诸般设施，就也不能在社区中发展为积极的相成，而会变为多余的累赘，甚且发生互相抵消的作用。所以政策之间必须配合。如何才能配合得当呢？则唯有根据需要，因为需要之间，从深处看是不会冲突的；从表面看，固然会觉得，需要既多，岂不就免不了顾此失彼吗？实则，需要既不外安全与活动，而人类之所以为人类，又在其能够或情愿，于两者不可得兼时，舍安全而就活动，所以，人敢于探险，人能做到"不自由毋宁死"，也更能积极地"杀身成仁，舍身取义"。于是，活动之追求，成为社会需要之经，成为社会需要之中心。主义便有了重心，政策便也有所适从了。——都是为了争

① 关于社会设计参考 North C C. "Social Problems and Social Planning", McGraw-Hill, 1932; Mannbeim K. "Man and Society in an Age of Reconstruction", London, 1940。关于社会进步参考 Todd A J. "Theories of Social Progress", Macmillan, 1918. ——作者注

取人类之活动或自由，只不过因时因地而修改其方式罢了。

社会工作——因时因地而谋求社会关系之改善，以达到安全和活动的过程，谓之社会工作。换言之，社会方针既定之后，社会工作乃是达成此种社会方针的手段。①

既然任何动物都要求安全，人类自不例外。比如，贫病是人类安全之大敌，于是社会需要与政策，便以铲除贫病为对象。为了完成铲除贫病的政策，最迫切的一步自是救助。然而救助既在事后，何如事先之防患。所以在社会工作的过程当中，不局限于救助，而更要努力于预防。不过，预防至多维持现状，使其情况不致趋于恶劣，当然不如尽量发挥人之潜能，使其获得更进一步的安全。于是，社会工作不止于救助和预防，且更进而努力于个人、社团、社区等潜在能力之促发或促进，亦所以满足人类之活动愿欲。于是，救助、预防乃至促发，②乍看似乎仅是为了安全，实则也是为了活动。人类之所以为人类，归根结底，还是因为他要求而能达到这一类高级的活动或自由——对己、对群、对物、对自然和超自然所追求的活动或自由。

---

① Bruno F J. "The Theory of Social Work", D C Health, 1933; Devine, E T. "Social Work", Macmillan, 1931 (3rd ed.); Todd A J. "The Scientific Spirit of Social Work". Macmillan 1920. ——作者注

② Relief, Prevention, Promotion 三字乃波士顿家庭福利社总干事 Stockton Raymond 于 1922 年所用以示个案工作重点之转变者，见 Ford J. "Social Problems and Social Policy", 1923, 722. ——作者注

社会工作这种达成社会政策、满足社会需要的过程，不仅采取了“救助→预防→促发”这一公式，在另一观点上，还须靠一套“组织→训练→运动”的公式。人不仅要求个人之安全和活动，人更要求社区之安全和活动，因为没有后者，前者是不能存在的。为了谋求社区之安全和活动，固然也逃不出救助、预防、促发的步骤，但是如何才能在社区里面顺利进行这种步骤呢？必须下一番组织、训练、运动的功夫。经过这番功夫，社区分子才能分工合作(组织)，各尽所能(训练)，集中力量(运动)，去进行社区中的救助、预防和促发。

所以社会工作是一种过程，应用各种社会力量(亦即社会制度所发生的力量)，加以配合，使之帮同增加人之社会接触、人之活动或自由——至少减除阻碍此种增加之可能的因素，如愚、如穷、如弱、如私。[①] 换言之，社会工作是一种发展社会化，以培育个性的过程。

社会工作既要应用各种社会力量，以达成社会化人格之发挥光大，便不能不靠社会服务和社会行政这两种方法。

社会服务——所谓社会服务，不是指现在各地社会服务处所

---

① 愚、穷、弱、私，乃中华平民教育促进会所找出的中国基本问题，曾在河北省定县实验文艺、生计、卫生、公民四大教育，以求达到智富强公的境界。——作者注

办的个别业务，[①]而是指社会工作过程中所用的一种基本方法。“人生以服务为目的”“助人为快乐之本”二语中，服务、助人的精神，庶几近之。社会服务是种方法，用在个人可以，用在社团可以，用在社区亦何尝不可以？对个人可以施以救助、预防、促发，对社团，对社区，亦何尝不可以？对社区可以下组织、训练、运动的功夫，以实现其救助、预防和促发，对社团，亦何尝不可以？

所以，社会工作是整个过程的统称，社会服务更是这过程实际表现于人的方法。表现于个人乃至家庭的，谓之社会个案工作（见第三章）；表现于团体的，谓之社会集团工作（见第四章）；表现于社区的，谓之社区组织工作（见第五章）[②]。至于个案工作是医药社会工作，是精神病人社会工作，是家庭福利工作，还是其他的特殊

① 大规模推动所谓社会服务的，是抗战以来各地党部。他们办了许多社会服务部。1943年便有661所。大体说来，全是一种阅读书报之类的社教机关。社会部1940年11月改隶行政院以后，更积极推行内容扩大了的社会服务处。重庆、桂林、衡阳、贵阳、遵义、兰州等地还有社会部直辖的社会服务处。它们根据“生养病死苦难人生六大问题”和“衣食住行乐育人生六大需要”，办理各种业务，包括职业介绍（生）；营养咨询，婴儿保育咨询（养）；中医及西医诊疗（病）；施棺施葬（死）；鳏寡孤独的疾病救济和施药，介绍习艺或佣工，教养救济（苦）；法律顾问，医药卫生顾问，兵役顾问，读书升学指导，商业纳税，及其他人事咨询，以及服务信箱，寻访亲友，收转函电，民众代笔，代售邮票等（难）；餐厅（食）；缝纫（衣）；社会公寓（住）；旅客向导（行）；书报，淋浴，理发（育）；各种集会（乐）。见程云祥著《社会部桂林社会服务处三月治要》，1943年油印本。——作者注

② 现在通称小组工作。——整理者注

个案工作；[1]社团工作是职缘的还是趣缘[2]的社团工作；社区组织是都市社区重组，是乡村社区重组，是边疆社会重组，还是以全国为对象的社区重组，全不是我们此处所关心的，因为我们现在只求看出，社会服务这个基本方法，是社会工作里必不可缺的。

社会行政——社会工作所表现了的另一种方法，便是社会行政。社会服务既然对付了"人"，于是必会产生了"事"。有了事，便必要人管。这种管的方法，在社会工作过程当中，谓之社会行政。不论所管的事，是成人的事、儿童的事、妇女的事、农民的事、工人的事，或者谁的事，总得有人管——不论是自己管，还是被人管。既然要管，也便常须有个机构管。有了人，有了机构，便也常有了财务。于是机关、干部、经费，形成了行政之主要对象。[3] 所以社会行政，可以小到一个社会机关之管理（可以名为社会机关行政），也可以大到一个国家或世界政府的社政系统之管理（可以名为公共社会行政）。不过，不论大小，不论对谁，不论由谁负责，社会行政这一方法，总用一套"三联制"——建制、设计，分职、执行和督导、考核。无论一个社会机关，还是政府的一个主管社政的部门，

---

① American Association of Social Workers，"Social Case Work，Generic and Specific"，A Report of the Milford Conference，1925. 个案工作之内容与社团工作和社区组织工作者同样可以参考"Social Work Year Book"，Russell Sage Foundation，N. Y. 已见其1941年的，为 Russell H. Kurtz 所编。——作者注

② "职缘"是指以职业分组，"趣缘"则指以兴趣分组。——整理者注

③ Pfiffnes J M. "Public Administration"，Ronald，1936. ——作者注

初创时，均忙于建制、分职和督导；等到规模粗具，大体上了轨道，社政所注意的便是经常的设计、执行和考核，①以求按部就班的进展。

这两种社会工作的重要方法——社会服务和社会行政——又是非常密切相关的。没有社会行政（机关的和政府的），社会服务便推不开、行不远、持不久；没有社会服务，则社会行政简直没有内容，没有意义了。

服务和行政的结果，就是事业。

社会福利事业——以社会工作中的服务和行政方法，运用物的和人的资源，便产生许多业果。原来，有了集体生活的人，自然就有事（所谓事业，实在就是“事业者事也”）。不必经过人们有意识、有计划的努力，也会发生社会事业。所以有些慈善事业，虽然办了，因为是随便办的，无计划，无技术，对于社区或个人，有时不但无益，反而有害。社会服务和社会行政，既是有意识有计划的努力，则其结果应有别于那种不必加以有意识有计划的努力而仍可发生的社会事业。于是，我们可以把社会服务和社会行政所产生的业果，名之曰社会福利事业。

① 三联制亦可谓“三 Z 制”。据说曾有人问 George Eastman（柯达公司的创办人），为什么他能把偌大的公司办得井井有条。他说得力于三个字尾有 Z 的字，就是 Organize，Deputize，Supervize。——作者注

所谓社会福利事业，包括社会福利“活动”和社会福利“设施”。社会服务之努力，会产生社会福利活动；活动经常化了，扩充化了，便需社会行政来产生和管理这些相当稳定的设施了。

这些活动和设施，是可分而又相关的，所以表上用了几根半截的线条来划分。

社会建设——社会福利事业之相关，犹之社会政策之相关，都有一个方向，一个使命，乃所以满足或解决社会需要。这种满足或解决之综合的效用，名曰社会建设。

社会建设之表现，在于“固结了的人心，纠合了的群力”。[①] 社会工作所产生的社会福利事业，可以使人知道，大家所得的福利，是大家努力的结果；也可以使人知道，唯有有意识、有计划的集体努力，才能产生社会福利。既得福利，乃知福利之可贵；既知福利之可贵，乃能谋求更进一步的福利。社会福利越增加，则越有固结了的人心，纠合了的群力，社会建设才算更进了一步。

小康社会与大同社会——综合的社会建设逐渐完成，亦即社区化之逐渐扩展。至一程度，即成一种小康社会。到那时，国族之智富康乐可以达成，自个人以至国族，均可不虞危害与束缚了。再等到人类之各种社会需要，都已由各国的和国际间的机

① 《总理遗教辑要》（中央训练委员会 1941 年印），第五篇《社会建设》。——作者注

构，应用社会工作方法所产生的福利事业，使之满足，使之解决，则人类必然进入智富康乐的大同境界，而达成世界社区之建立了。[①]

① 《礼运》："各亲其亲，各子其子。……禹汤文武成王周公……未有不谨于礼者也。以著其义，以考其信，著有过，刑仁讲让，示民有常……是谓小康。"至于《礼运》所谓大同则是"天下为公，选贤与能，讲信修睦。故人不独亲其亲，不独子其子。使老有所终，壮有所用，幼有所长，矜寡孤独废疾者皆有所养，男有分，女有归。货恶其弃于地也，不必藏于己；力恶其不出于身也，不必为己"。小康和大同，全是就社会关系说的。——作者注

第二章　社会研习

社会需要靠社会研习来认识，社会政策要靠社会研习来评定，社会工作的技术也要靠社会研习来锻炼。

我们撇开研究二字，而创用研习一词，乃在加重“动的过程”之观点，及“行以求知”之精神。我们认为“最宝贵之研究材料，只能得自实验之中。所谓实验，并不全指新事物之创造。勿宁谓，利用他人已有之经验，为学习之参考，更为基本；因为个人知识，固为逐增的；社会经验，尤为累积的。故此……不仅为认识与批评而研究，其在研究方法上，更借助于实习。”“其所以冠以‘社会’二字，乃因所习之对象，不仅为独特的生活现象与制度，更且为诸种生活现象与制度之相互功能，以明其全体大用。”[①]我们要用动的社会科

① 节录自《华西大学与中国乡村建设学会合办石羊场社会研习站缘起》，1943年。——作者注

学方法，进行社会研习工作。

此种社会研习，既重动的过程，又不能抹杀其时空性，也就是，不能不分析和把握对象之轨迹，或其来龙去脉；对象之所在，或其区位意义。所以我们研习的对象，是当今的，但不忽略其以往与将来；我们研习的对象是型类的，但不忽略其所受不同社区组织之影响。

社会研习，也许有些社会工作者以为是“纯科学”的，与我们这“应用”的学问距离太远，关系颇疏，实则不然。试仅就研习与三联制而论，便可深明其不可须臾离了。

举国之行政界，均在讨论设计、执行、考核三者之连锁。社会工作中的社会行政，乃行政之一种，自亦不能例外。社政不但缺乏鲜明够用的社会政策，其实更少根据此种政策参酌各时各地之当前需要，而拟定的各种设计。从一方面言，政策往往是有其全国性的，在地方执行之前，必须加以因地制宜的详细设计；此种设计之空间根据何在？从又一方面言，政策是用较长时间而拟定的，在今年此时执行之前，必须已经加以因时制宜的详细设计；此种设计之时间根据又何在？所以，无论就空间说，就时间说，设计之根据均在于事实之需要，而社工所根据的事实需要，唯有得自社会研习之中。

例如，全国人口之合理分配，是一个应该倡导实行的社会政策。但是此种分配，是否径可以全国土地之总面积除人口总数所得的单位人口数作为标准，而将超过此数的区域之人口，搬到不及此数的区域去，便算合理了呢？换言之，是否径可以东方“过剩”的人口移入西方的边疆，以利用其“过剩”的土地呢？稍知社区事实者，大概不会做一个正面的断语。但是居然有许多人，以为边疆是人口过剩之现成的尾闾，只要大量移民到边疆去，他们便会在那里过垦殖的生活，全国人便可得到合理的分配。他们以为，哪里有土地，哪里便可垦荒，哪里便可种植。但在边疆做社会研习的人，都能告诉我们：移民殖边之许多困难，在于“移”的不努力者少，“殖”的不会根据区位认识者多。在全国设计之中，区域分工的原则，[①]早经欧美各国的“区域计划”运动所提出了。全国之统一，全国之组织，必须在全国之分工上想办法，因为组织之意义，在分工合作。只有分工，而不合作，固然支离破碎；只有一律，而无复异，亦必无从组织起，因为大家全都一样，便无互倚之必要，也便不需组织了。如何分析边疆分工之可能（如畜牧、如矿冶），如何分析边疆根据分工之需要而吸收人口之可能，将是社会研习对于人口分配政策的极大贡献。

又如，以社会重建为战后社会服务和社会行政之中心，也是一

① 参考李安宅著《边疆社会工作》，中华书局，1944 年。——作者注

个鲜明确切的政策。[1] 但是，如何而后才是合理的重建，而不仅只恢复原状，也不硬要无中生有？必须根据原有的可能和今日努力的效果，以做进一步的改善。此种可能是什么，此种效果已如何，均须靠着分在有待重建的各区域所做的社会研习，来告诉我们。

再如劳工政策：犹忆1942年10月全国第一次社会行政会议，拟以“国家至上，民族至上”为劳工政策之原则。1943年11月20日国府公布的修正《工会法》，[2]似即因之较1929年10月21日公布，1933年7月20日第三次修正者，颇为出入。例如，新修正法第六条规定：“从事国家行政、教育事业各机关之员工，及军事工业之工人，不得组织工会。”较战前该法第三条“国家行政、交通、国营产业、教育事业、公用事业各机关之工人，得援用本法组织工会，但其职员、雇用员役，及军事工业各机关之职员，雇用员役及工人，不在此限”者，限制自属不同。此种政策之改变，究在工人生活中，发生如何之影响，除行政经验之外，不能不有赖于社会研习，以资了解，而为评价。又如新修正法第四条所列工会之“职务”，除数处文字略为修改，并加第十四项“其他法律规定之

① 我国参加了44国的联合国救济善后会议——第一次会议系1943年11月在美国Atlantic City. N J；第二次1944年9月在加拿大Montreal——且为其中央委员会四委员之一。1945年1月，我国又在行政院下设立善后救济总署。中央设计局亦有战后社会复员计划之拟议。——作者注

② 社会部编印：《社会法规汇编》第二辑，1944年2月。——作者注

职务”，以增本条之弹性外，大体同于旧法。究竟所定各种职务，已经工会实行者若干？成效如何？均须社会研习为之找出；然后社政始能依据此项研习之结果，拟定工会逐年增添职务之设计。否则，该条所列各项，既不能同时举办，又不知何所先后，势必流为具文。于是可以看出，社会研习关系于社政之设计与考核者，至深且巨。

社会研习有助于社工考核，固不仅在行政系统以内做客观的衡量，便算尽其能事。我们知道，社政虽新，社工之又一部分——社会服务——却已有较为悠久的历史，而且甚少预为设计者。因之，其服务成绩，自非单靠“三联制”本身之努力，所能评判。如以社会研习为评判之手段，则其效力必尤为深入。例如，慈善团体多为久已存在者，[①]今忽由新兴社政机关，出而监督，自须对于前者有种了解，尤须能够在它的服务技术上，发现问题而提出解决的办法，然后监督始能生效。而此种深刻的了解和专业技术之提出，又非靠社会研习不可了。

在专业培育上，研究（试验）、实习（服务）与训练，三者必须打成一片。其理至明，其效亦至显。例如，美国各州立农学院，均附

① 例如慈惠堂是成都最大的慈善会，成立于“前清中叶”；又如成都的崇善局创办于“嘉庆年间”。虽然均无确实日期，已可见其年代之久远。他处一定有更老的慈善会。——作者注

有农业试验站，[1]其试验研究之结果，即所以服务本州之农民，亦即作为教学之材料，以增加其专业训练之内容。同时，训练者固即研究者，受训练者，亦即经常到站研究、实习、服务者。“教学做合一”在教育学上既被广泛承认，“研习训合一”在社会工作者的专业培育上，自亦为一必须遵行的原则。我们以前在北平燕京大学，今日在成都华西大学，都是如此相信，力予倡行，以达成社工人员之专业培育。

社会工作向来被视为人人而能的工作。提起救济或服务，谁人不会？然而在今日日益复杂的社会当中，即使比较简单的救济、服务，均非仅凭热心而可收效的了，更何况较为细密的积极福利工作呢？于是社会工作，需要专业的培育。而此种专业培育，不能徒事抄袭，必以我们今日的文化型，我们此处的社区型为根据。——此种根据之探讨，又非靠社会研习不为功。

社会研习不但应该探讨社工本身的问题——社会行政之机构，社会服务之内容，固然都是社会研习之对象，而更为重要的却是，社会研习能够给予社工人员基本的观念和态度。社会研习既是实地的，至少可以给有志社工者四种基本观点和态度上的陶冶：

---

① 美国各州立农学院之 Teaching，Research 和 Extension 三种使命，见 Hawthorn H B. “The Sociology of Rural Life”，Century，1926.——作者注

1. 社会研习可以使初学者发现民力之所在。民力是社工之基础，也是社工之目的。2. 自民间研习，可以养成自下而上的精神。此种精神，是社工成功之试金石。3. 在实际社会里面，没有一种活动或制度，是独立存在的。只有在社会研习之中，才能体会到社会生活之功能的作用、函数的关系，而在将来实施社工时，才不致获点而失全。4. 研习成为习惯，则在担任实际社工时才能看透，才能超脱，才能维持客观态度，才不致使社工流于机械而无生气。

民力之重视，自下而上之精神，功能关系之了解，研习习惯之养成，都是社工人员必需的条件。只有在这些条件具备之后，专业的技术才算有了着落，才发挥其极致的效力。

新兴社工之专业技术，要从社工本身经验之中去探讨——这便要靠各地之比较便可发现原理通则。简单的技巧，可以用常识的“拇指律”，但是高深的技术，却非靠科学归纳取得的原理通则不为功。社工将不再以常识为唯一的基础。社会研习能够贡献社工方面的原理通则，作为社工人员钻究高深专业技术之准绳。

如前所论，社工要发挥民力。然而民力如何发挥呢？必须有赖于人民的组织训练。但是“组训”不能只做到把架子搭起来，把团、队、会、社摆出来，便算完了。“组”要依据内容，“训”要依据内容;即是说,“必有事焉”,[①]才能充实间架;也是说,必须有根据生活需求的活动为内容,“组训”才不落空,民力才能发挥。然而什么是以此时此地的生活需求为根据的活动呢?便须深入社会去研习了。到大家根据社会研习,知道什么是大家之需求,而应据以活动的时候,大家便会有了共同努力的方向。可见社会研习实在是一种高明的教育,一种能使社区动员的教育。

动员之力量,可以在多方面有所表现。我们于此仅就社工经费来说:在此战时,政府不能以过大的经费,花在社会福利事业方面,必须动员社区力量,才能“共襄盛举”。政府固然要栽培、要倡导,社区更是要生根、要扩展。但是社区很少自觉其力量之伟大,因为社区原有的努力,多极散漫、零星。例如,成都在 1942 年人口不过 40 万时,[②]有慈善会 45 个,[③]虽有所谓善团联合会,实未达到互通声气、共同计划的程度。各自为政,既不相知,怎能发生“合力”呢?每会少则数千、多则一二百万元(1942 年数值)的经费,自不能说是徒然白花,然而全市之并未发生深切的影响,则为显著的事实。其病便在未曾将他们提醒,去生合力。社会研习恰可于此有所贡献。它能将社区之内,所有人力物力财力之数量,及其运用

① 《书经》以正德、利用、厚生为三事。——作者注

② 1945 年 7 月成都市设籍登记初步统计结果,全市 214 187 户;男 392 772 人,女 249 357 人,合计 642 129 人。——作者注

③ 见拙著《成都社会工作》,社会部社会行政丛书,中国文化服务社印行。——作者注

之可能，详加研讨，宣扬于整个社区之内外。其结果，当然能够促起社区之动员。

行文至此，我们应可明了社会研习对于社会工作之重要关系。那么，究竟如何进行社会研习呢？前文固曾有所论列，例如，研习训之须合一，于此仍应扼要提出如下原则：

1. 普遍化——社会研习，为了了解需要、证验政策、锻炼技术、培育干部、发挥民力，应随时随地进行，有如水银泄地，无孔不入，既重深刻，又要广被。

2. 区位——一种社区，一种社区的组织型类。不同社区型的研习，应有不同的中心问题。都市、乡村、边疆乃至海外移民社区的研习，固然各有其重点，后方“自由区”与前方的“战区”或“收复区”，也因其社区型之差异，而须有不同重点的研习。

3. 站队化——为避免浮光掠影的材料，应该为社会研习设立经常机构，以探讨社会过程之发展。此种机构，在人口稠密的都市乃至乡村，可以设站，而在游牧辽阔的边疆，则可设队，以增加其与对象相应的流动性。在后方较为安定的社区，固可设站；在前方，为了配合机动的战斗，也可设队。全国所有站队均应互通声气，以资比较，而得通则。[①]

---

① 华西大学与中国乡村建设学会于 1943 年 4 月在成都南门外 12 里华阳县属石羊场，创办了社会研习站，极愿与各地同工取得联络。——作者注

4. 联系化——各站队之间的联系，固属应当，但是我们更要注意社会研习，不是“为了研究而研究”，而是在含有“应用”之深刻意义。务必不使研习机构自成体系，超然事外，而应与教育或训练机关打成一片，以便人员之培育也应与社会服务或社会行政机关密切联系，以便直接地设计和检讨。如此联系而仍嫌隔阂时，即径以站队附属于此种机关，而为其可以灵活运用之一部，亦甚相宜。

第三章　社工与个人

人不仅是不许割裂的完整存在，而且是培育在超机关系中的有机体。所以，可以从两方面去观察和协助。一方系其自然的“体质生存”，一方系其社会的“关系生活”。[①] 人的求生努力，不仅表现在个体之物质存在上，也更表现在他的社会关系之中。体质的生存，只能保证一种一般生物所享有的境界，唯有发展了社会关系的时候，他才具有人性。

社会工作的使命，就在发展这种关系生活。如果这种关系生活出了差错，或者趋于崩溃，社会工作应该前来帮助。最直接的帮

---

① 人这种个体，除了他本身原来是种自然的产物而外，他更做两方面的适应：一方适应于社会，一方适应于自然。适应于社会，便产生文内所谓关系生活。对于自然的适应，大部为了体质的生存，另一部则为了关系生活之发展。人类求安全，便是要维持体质生存；求活动，便是要发展关系生活。——作者注

助，当然是对于业已发生的问题加以补救。更好一点的努力却是防范，根本不使原有的关系生活发生什么滞碍。然而最重要的，还是如何促使关系生活之主体，发扬他的潜在能力，不但能够解决已有的问题，能够防范新成的问题，而更能够在生活关系上奋求进步，做积极的扩张，以达到“民胞物与”的理想境界。

社会工作为了这三层努力，有着三种不同的手法：它可以从个人入手，而成为个案工作；它可以从团体入手，而成为社团工作；它也可以从社区入手，而成为社区组织建设工作。

本章所要讨论的，便是社会工作如何从个人入手，来达成它的使命；也就是，社会个案工作应该是怎样的做法。

人当然以体质生存为其首要，因为人如不能取得体质的生存，则一切的努力都会无所附着而落空。但在关系生活不曾合理的时候，又必然妨害体质生存，比如图私利、求强权的社会关系之下，一定有着许多被牺牲者，以生命做了少数野心家或剥削者的工具。同时，在谋求体质生存的时候，也必有着关系生活上的影响。如果饥寒交迫，便容易做出若干不仁不义了。

社会工作固然不能直接生产物资，以维持人的体质生存，它却能在生活关系之调适上，有所致力。关系生活与体质生存既然交为作用，于是生活关系之调适，实在也是为了发扬体质生存之意义。

一谈到调适，便有主客两方；而主客的调适，很明显地，又不外三种方式：一种是以主就客，一种是以客就主，还有一种便是主客互相迁就，都有改变，都有进步，而达到更高的境界。

有问题的个人，便是这里所谓主。他的问题，可能是应该由他自己负的；也就是说，环境（物境和社区其他因素）那个客，并无缺陷，而实合理。如要消灭问题，只有单靠他自己的努力去改善自己的作风了。但是他这问题的责任，也可能须由环境担负，因为他所见到的，所做到的，也许恰是环境还未演变到的，而在社会进步的较高标准下，环境却正是那应该加以改进的。最大的一种可能，因为问题之所以发生，不仅在个人，也不仅在环境。因之，其解决便须双方同负其责，共谋改进。

所以，对付个人问题的社会工作，一面要使人照着那未尝不合理的环境所定的标准，做下去、活下去，一面也要使人照着连已然不合理的环境也需要作为改造依据的最高标准，做下去、活下去。这两方面，我们如果进一步观察，便会发现，它们在终极的分析上，实在不会有何差别，因为前一环境之合理与否，也是按照最高标准来判定的，于是，个案工作者，虽然好像不关心社会之改造，其实在他接受社会标准以为帮同个人解决问题的依据时，他非先对这标准，加以评价不可；因为，标准如果错了，则依据标准所做的努力，当然全属浪费，甚至发生相反的结果。所幸，环境尽管有着许多应该修正的地方，而在人类智慧所觉察得到的限度内，已有若干良好标准，个案工作者不必去从头研讨，便足够他剖白、提醒，以为有问题的个人，去恢复其奋斗能力的依据了。

比如“言而有信”便是这类的标准。任何社区生活，都要鼓励这个标准的达成。一个小孩如果习于说谎，固然可说社会应负其咎——因为大人们若不做说谎的榜样，或者环境不迫使小孩非说谎则不足以得到他所要求的，或躲开他所畏惧的，[①]则小孩又何必说谎呢？不过，小孩既然已经说谎，如果要等到用了其他方法消灭了环境里所已有的说谎恶俗之后，再来解决这小孩的问题，无论哪种方法不见得立即有效，即使有效，这小孩已经因为他的问题未得解决，而将说谎的习惯带到刚才修正的环境里去，而变为后者之一部分了。于是这“恶果圈”并不能就此打破。所以，固然要努力使环境里不再有说谎的必要，同时也要在这已然惯于说谎的小孩身上下功夫，使他能够凭借自己的努力了解实况，毋庸畏惧，而露出实诚来。

人是社会的动物，人的意志，便往往可以看出，乃是产自他的社会关系之中的。而且这种关系，又常是与他所最接近的人建立

---

① Dollard J, Miller N E, Dobb L W, et al. “Frustration and Aggression,” Yale Univ Press, 1939. 这是非常有趣的一本运用心理学的研究结果来讨论社会化和民主等重要思潮的集体创作。——作者注

起来的。所以,个案工作者固然要启发受助者之意志作用,更要发现并协助这种影响意志的社会关系和关系中的其他人物。个人问题发生以后,个案工作者除了要那人认识自己的处境,以发挥自己的潜能外,更需利用所有能够联络得到他的社会关系者,来帮助解决他那特定的问题。因此,个案工作者并拿不出什么摸得着、看得见的贡献。他正和内科医师一样,不动手术,也不勉强,全不在个人身上做成什么外表的变化,而只按照科学的道理,知道哪种元素是这特定问题之解决所必需的,而加以利用。内科医师,诊断了病,配好了药,病人用了,便靠自己原有的生命力,再加上药的助力,而将病治好。医师并不会直接治了那病。就连外科之动手术,也是为了便于病者内在力量之发挥。同一道理,个案工作者要看出个人特定问题的原因,然后将各种能够对付这原因的分子乃至机关,全部拉来,配到问题上去,以助成那人的了解与努力。问题便会得到解决了。个案工作者如此,其他社会工作者又何尝不以"善用助力"为其首要才能呢?

在社会工作当中,许多性质非常简单,虽以个人为对象,只是备咨询的。例如,法律扶助,旅行指导,营养、生育、儿童教养等方面的特定知识之立即传授,便是"师傅领进门,修行在个人"的引发工作。传授时的局势,也许含了相当的社会制裁的成分,以致接受者大有非那样不可之势,但是最终的决定,还是在于接受者自己,而显露个人的意志作用。

至于个案工作的连锁性质，更有许多的具体表现。例如，对于儿童，[1]个案工作者不是学校里的教师，不是家庭里的父母，也不是邻里的玩伴。教师、父母、玩伴，各有其不同的作用。但是他们的作用，都只是部分的。在哪一部分的生活上，便发生哪一方面的作用。如果某种作用应发生而未发生，儿童固然会成为问题儿童；如果各部分所发生的作用，全是不相连属的，乃至互相冲突的，则儿童必会感到迷离，不知何所适从，因而也会造成问题。所以，儿童有了问题，个案工作者便应前来帮忙，看是哪一部分未曾发生其应有的作用，或者哪一部分所发生的作用与其他部分脱了节，而加以必要的调适。这是社会工作中所谓拜访教师的工作。[2]

拜访教师，虽然有时属于学校（也可以属于政府的主管科局，或社会机关），却不教书，而职在发现个别儿童的问题：也许学校的功课对他太深了，也许太浅了，也许他在学校所吸收的行为标准，

① 儿童现在变为社会工作非常重要的对象了。中华慈幼协会和战时儿童保育会的实际工作当然很有表证的作用。社会部儿童福利研究委员会和其主管司科以及美国援华救济委员会（尤其其中的儿童福利委员会），有着相当的推动作用。成都五大学儿童福利人员训练委员会也在积极地去充实儿童福利的干部教育。它们虽然历史都还太短，尚待继续努力，却已有了许多方面的工作经验了。本文此处所举，乃儿童工作之一种方式而已。——作者注

② Oppenheimer J J. "The Visiting Teacher Movement" N Y, 1925; Ellis M B. "The Visiting Teacher in Rochester", N Y, 1925; Culbert J B. "The Visiting Teacher at Work", Commonwealth Fund, 1929; Educational Policies Commission of the National Education Association of the US and the American Association of School Administrators, "Social Services and the Schools", 1939. ——作者注

乃是他家里所不能了解或反对的，以致他在双重行为的标准下，产生了矛盾的心理，也许他的问题，乃是由于营养或其他医药问题而起的。那么，拜访教师便应使出个案工作的联络技术，为这儿童向学校建议调换班次，向家庭解释学校，向学校解释家庭，或者向心理卫生专家、营养专家，或医师护士征求协助。假若儿童不能上学或已上学而不能专心，乃是由于贫困的家庭经济或不良的家庭关系（如父母反目），则拜访教师更要运用家庭福利机关[①]来帮助解决这家的经济或关系问题了。

一个人所应采取的行为标准，如不一致，往往会使他产生反社会的甚或犯罪的结果。个案工作者，于是也要同警局或法庭取得密切联系。一个人犯了罪，个案工作者的解释，并不采用“罪犯型”的说法，而认为有其社会的原因。[②] 所以在法律案件上，个案工作者极有可以致力的地方，例如，担任缓刑或假释的工作。[③] 他可以运用社会关系来辅导缓刑者，并且考察缓刑者在未入狱或判决之前，有否进步。如果进步的程度可以保证他以后不会再犯，那么何

① Family Welfare Association of America, "Personal Philosophy and Practice in Family Case Work", 1934; Breckinridge S P, "Family Welfare Work in a Metropolitan Community", Chicago, 1924. ——作者注

② 意人 Cesare Lombroso (1835—1909) 主张天生罪犯之隔世遗传性，著有“L'uomo delinquente”, Turin, 1876. Charles A Ellwood 早在其 1910 年出版之“Sociology and Modern Social Problems”中即以此种以犯罪人为人类学上的特种为无根据。

③ 见 Ford, “Social Problems and Social Policy”所录 Burleigh 之讨论; Breckinridge, S P, “Social Work and the Court”, Chicago, 1934. ——作者注

必一定要囚他起来，或非处以刑罚不可呢？又如果他虽已入狱，而表现得很好，又何必一定要满了刑期再予释放，而不在继续而严密的考察辅导之下，予以假释呢？这种缓刑和假释的工作，已然在外国的若干少年法庭[①]里面，有效地由这些受过个案工作训练的人员施行着。

关于行为上的调适，现代个案工作深深受了心理学的影响，并且，在控制受助者的过程中，也已经常应用心理学的知识。[②] 但是，遇到行为问题严重得成了精神病的时候，他仍须将这病案转给专家。机体的神经病固然非专科医师不可，功能的精神病也要找心理治疗家，才易痊愈。不过那些专家还需要个案工作者为他们收集并整理病人的社会资料，以作为诊治的依据。于是有了所谓精神病人社会工作（旧称精神病社会工作）。原来精神病学把人当作三种因素的共同产物：一种是生理的，一种是心理的，一种是情况或境地的。这三种因素，只要有一种安排不当，精神便会生出毛病。精神病人社会工作者，一面为其他专家供给足以证明身心所以起了如此变化的社会资料，一面也尽其绵薄，看有什么法子可以

① 1890 年澳大利亚即已有儿童法庭，美国的始于 1899 年。见 Ford 前书所录 Lenroot 文。——作者注

② Robinson Virginia. "A Changing Psychology in Social Case Work", Univ of N Carolina Press, 1936. ——作者注

改善情况。[1]

岂只有精神病人需要个案工作者这样的协助呢？其他的病人也是如此，因为病之所以成病，往往有其社会原因。在这种原因当中，愚和穷可以说是最普通的了。穷固然无力卫生，愚则更不知如何卫生。而且，愚穷总是并存，互为因果的。于是医院里有了医药社会工作。[2] 它的使命在于帮助既病的人如何能够得到医治的机会，能够虽病而仍有以为生，也能够在此次一病之后，实行预防，不致再病。所以医药社会工作者要用物资和知识，来帮助病人和因他生病而感到困厄的家属。

比较而言，精神病人社会工作与医药社会工作，虽然同是用个案方法，而前者偏重心，后者偏重身。偏重身的社工，出现较早，范围较大。不过，出现更早，范围更大的，却是贫穷救济，[3]因为贫穷对于身体的恶劣影响，极其显而易见。历史已然清楚地告诉我们，

① Sullivan H S. "Psychiatry" "Encyclopedia of the Social Sciences", Larkin K O. "Psychiatris Social Work", Social Work Year Book, 1929. ——作者注

② 亦名医院社会工作，实即病人社会工作。Cannon I M, R N. "Social Work in Hospitals", 1913; Nov ed, 1923. ——作者注

③ 英国自 1601 年开始颁布 Poor Laws。我国关于贫穷救济的完整大法则是 1943 年 9 月 29 日才由国府公布的《社会救济法》。不过，在我们这饥荒的国度，(Mallory, W H, "China: Land of Famine", American Geological Society, N Y, 1926) 早在《周礼》上便载有大司徒"以荒政十有二聚万民，以保息六养万民"了。荒政为散财，薄征，缓刑，弛力，舍禁，去几，眚礼，杀哀，审乐，多昏，索鬼神，除盗贼。保息为慈幼，养老，振穷，恤贫，宽疾，安富。——作者注

社会工作乃是源于贫穷救济的。[①]

贫穷很少是个人的事，其原因也很少是单一的。那种以贫穷为上天对于个人试炼或惩罚的看法，已成迷信。那种以为只要个人努力便必会富有起来的信念，也逐渐被人承认常是一种幻想。所以贫穷问题之解决，不再仅是个人的事，而变为需要各方面共同努力的社会改造的目标了。[②] 然而即在整个的经济社会未曾改善之前，个案工作者仍然有其努力的必要，那便是如何利用社会慈善，如何利用国家责任，如何利用个人潜力，来发展个人的体质生存以及关系生活。

慈善的施舍，有其宗教情感的根据；国家的责任，有其公共秩序上的需要。但是如何以人为本位，以其所需为基础，来决定“院内”还是“院外”等方式的适当救济，以发展正当的关系生活，则有赖于个案工作了。

人到底不仅是生物，也不仅是动物，而乃是各有其不同的情况

① 个案工作便源于慈善协会运动 Warson F D. “The Charity Organization Movement in the United States”, Macmillan, 1922. ——作者注

② 失业是贫穷的一个重要原因。苏联以社会主义的计划经济而宣告失业现象已不复存在。其他民主国家近年则尽量想法发挥社会保险的效能。英国有 1942 年的 Sir William Beveridge 计划；美国有 National Resources Planning Board 计划，和归纳了该局各种一般建议的 Wagner-Murry 法案；加拿大有 L C Marsh 建议；纽西兰且已于 1938 开始施行了《社会安全法》。都在走上“救助”与“保险”合流的路。见“International Labor Review”. I L O. Nov, 1943. 著者摘译为《现代安全计划之特质》，载《社会建设》第 2 期，1945 年 1 月。——作者注

或境地的社会产物。他不能单靠两千或四千大卡热量的维持便算是人。就连所需热量之多少，也因各人的生活情况不同而有异。[①]所以个案工作者应该参照那人的社会关系来判定他的需要。

如此看来，"各取所需"诚然是社工的理想；个案工作更注重"各"字。至于"各尽所能"，尤为个案工作所应努力的，因而开展了职业指导与介绍的部门。[②] 所谓职业，实在不应仅限于有关体质生存的行业；举凡对于人类有所贡献的经常而确定的活动，都应列为职业，以便增加各尽所能的机会。

职业指导与介绍的初步工作，通常包括外在的"职务分析"和内在的"性能分析"。[③] 职务分析乃系对于社区需要的认识——要知道社区里面的职业种类，每类职业所含的职务，每种职务所需的能力，以及如何培植此种职务能力等。同时，工作者也要就求职者之人格加以分析，看他们的性能，而将社区所需的职务介绍给合适的人。当然也可从个人特点去帮助一个有如此这般的性能的人，

① 每人需要热量按年龄、劳力、气温而定。一般成年男女，每天基本需要 2 400 大卡(使水 1 公升升高摄氏表 1 度的热量叫作 1 大卡)。除基本需要外，工作轻的每小时另须增加 75 大卡，重的每小时依工作情形增加至 75 大卡至 300 大卡。小孩自一岁到两岁的 840 大卡递增到 12 岁的 2 400 大卡。见任邦哲、林国镐、谷韫玉著《改良民众营养概说》；谷韫玉、杨芒莆著《吃的问题》。均为行政院营养改进运动刊物，1941 年。——作者注

② 1911 年便有了一本职业指导的书 Bloomfield M，"The Vocational Guidance of Youth，"Houghton Mifflin Co. ——作者注

③ 关于性能测验，参考 Hull C L，"Aptitude Testing"，World Book Co，1928.

找到合适的职务。

个案工作既然注重了人的成分，不想把人当作机械，也不想阻遏人的兴趣，所以它得假设社区里面有够多的职务，谁都能够找到合于自己能力和兴趣的职务，不过有时需要它来帮助那不能自决的人去决定哪种职务最适合于他的性能罢了。假如社会经济制度太不合理，并不能供给足够的职务任人选择，则个案工作到了它的限度，因为如何创造足够的复异的工作机会，实是不能交由个案工作负其重责的。

综上所述，我们可以看出，社会工作并非限于社会病理，而实为社会生理的。它不仅要救济，要预防，而更要促发。换言之，社会工作已经不再代动，而要引发以"助人自助"了。

我们更可以看出，社会工作注重了个人的人格，但不迷信它是天赋的，而以它实在是社会的产物。于是个人固然是个案工作的对象，形成人格的团体和社区，更需人去组织、去重建。如果社会工作只有个案工作的方式，则社会工作将为非常褊狭而不合社会整个需要的了。只有在个案工作、社团工作和社区工作齐头并进时，才能达成其发展"关系生活"，利用"体质生存"，充实"生命意义"的使命。

我们至少也应该看出，个案工作是可以靠一个人的力量去做的。个案工作并不需要若干物资做本钱。在社会关系的调适上，人人可以尽一份心、效一份力。个案工作是一种进可以攻、退可以守的技术：[①]它至少可以使我们知道如何努力去解决自己的困难。进一步便会使我们知道如何帮助一下朋友的忙了。不必等到设立了多大的机关，不必等到筹得了多少的经费，我们就能实践人生服务的目的了。而且，社会工作是种艺术。艺术的创造绝不是单为别人而创造的，创造者自己必然融化于艺术之中。所以就个案工作而论，它既是专业的艺术，也是业余的人生趣味。如果不打算把它当成专业，便利用它在自己的生活里多添点色彩，不也是非常有意义的吗？

---

① 关于个案工作的技术性，参考 Mary E Richmond 各书，如"Social Diagnosis"，1917；"What Is Social Case Work"，1922；"The Long View：Papers and Addresses"，1930. 均 Russell Sage Foundation 出版。关于访谈，参考 Young P V. "Interviewing in Social Work"，McGraw-Hill，1935；Family Welfare Association of America，"Interviews，Interviewers，and Interviewing in Social Work"，N Y，1931；关于记录参考 Kristol M C. "Hand Book on Social Case Recording"Chicago，1933；Hamilton G. "Social Case Recording"，Columbia，1938；Sheffield A E. "The Social Case History"，Russell Sage Fdn，1920. ——作者注

第四章 社工与团体

人们结合成为团体，其作用是两面的：一面为了人格之培育，一面为了社区力量之发挥。传统的社会集团工作，偏重了前一面，虽不以某一特定个人为对象，而以个人所活动于其中的团体为对象，其本质还是与社会个案工作相同，乃在人格之社会化及其发扬光大。因之，社团工作和个案工作一样，是非常注重心理学的启示的。①

同时，由于时代的要求，尤其由于建国的需要，社团工作又不得不增添一种新的趋势。那便是，除了其历史所显示的培育人格的使命以外，它更须发挥其经济的和政治的使命，务使社团成员为

① Coyle Grace L. "Studies in Group Behavior". Association Press, 1937. ——作者注

了社区之发展，能在共同努力之锻炼和实行当中，发生经济上的集体作用，也发挥政治上的民主作风。

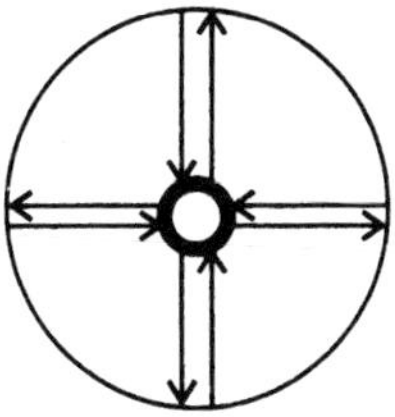

图 4－1　个案工作图示

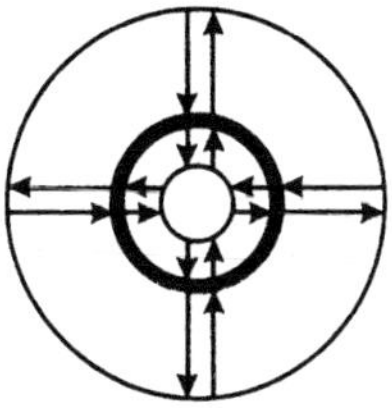

图 4－2　社图工作图示

图 4－3　社区组织工作图示

我们如果以图表示社团工作的分野，则可作上面三图，以资比较。图 4－1 表示个案工作，小圆代表那个人。向心的箭头表示那些他所应接受的社会标准和力量，以培育其人格。离心的箭头表示个人对于环境（那个大圆，包括若干团体和整个社区）所做的诸种适应。社团工作则如图 4－2，中间的圆代表那个团体。团体根据其中成员都能承认的社会标准，采取各种活动方式，包围成员（以小圆代表，圆上只画了一个，以资醒目而看出个人在社团工作中的重要地位），使之社会化；同时，团体将成员组为单一的整体，而发生合力，贡献给社区（大圆），来谋社区建设之成功。在团体影响个人时，个人既是团体的一分子，即个人对于团体（其他的个人）自有相应的反响。同时，团体与社区（其他的多个团体）也是互动的。所以图上的箭头全是往复的。至于社区组织工作，可以图 4－

3表示。和前两图一样，大圆代表社区，中圆代表团体，小圆代表个人。个人是团体成员，当然也是社区成员，同时也可能是若干不同团体里的成员。图4-3不同之处，乃在图4-1注重个人，图4-2注重团体，本图从社区去看——虽然没有表出社区应有的核心。每一图上所注重的，全以粗线条表示。社区组织工作所最关心的，在于就整个社区的需要来安排团体，使之分工合作，产生合力，务使其作用不互相抵消(见第五章)。

参照三图的比较，我们可以看出，19世纪所偏重的个人主义，和20世纪所发扬的集体主义，能够凭借社团工作之努力，达成其应有的调和。就社会工作而论，社团工作便成为个案工作与社区工作之间的枢纽了。

社团工作也和个案工作一样，有其发展的历史根据。它乃是为了满足当时的需要，先行而后知，先做而后再加以理论化，以致更为进步、更有效率。原来，社团工作的根源，一面在于人类对于集合玩耍之需要，一面在于人类对于相互了解之要求。这都是人类心理的自然表现。所以说，社团工作，虽然因为要努力追求怎样才能有效地达成两种需要，而注重指导和扶持，其最初动机却是情感的，还不曾是经济的或政治的。

我们于此不必分析关于玩耍的诸般解释——不管玩耍是行为之模仿，是人类历史之重演，是人类竞争性之表现，还是过剩精力之发泄；总不会有人反对玩耍有其人格培育上的重大作用和价值。[①]所以外国人要求玩耍时的“体育道德”，中国也曾说过“射以观德”。

玩耍既有重大作用，而幼年期又是人格发展上非常重要的阶段，所以社会工作者根据这一阶段最大的可塑性，而利用玩耍，以为发展人格的主要手段。教育学者早已证明，对于儿童，如仅关于知识的传授，是不够的。唱游已在幼稚教育当中占了大部的时间。社会工作既以调适生活关系为主旨，儿童集团之指导与扶持，就变为社团工作之最早的一种形式了。按年龄的发育，分成婴儿、幼儿、少年等团会；[②]按性别，也有分为少男和少女的，例如，童子军和女童军的分设。[③] 它们所有的活动，大部都是为了满足儿童的玩耍欲望。也有一些根据别种趣益而组成的，尤其在年龄较长的人群当中，如同宗教性的青年会，[④]政治性的青年团，[⑤]生活改进性的妇女会、母亲会等。它们之与里弄儿童的玩耍集团和成人们的

---

① Groves E R, Ch XXV. “The Social Signifcance of Play” “An Introduction to Sociology”, Longans Green, 1929. ——作者注

② 据“Social Work Year Book”，1708 年在 Basel 地方会为未婚少年成立一会。次年即在 Bremen 成立第一个 Júnglingsverein. ——作者注

③ 1907 年 General Boden Powell 于 Boer 战后创办童子军于英格兰。我国童子军自 1912 至 1926 年为民间组织，其后加上政治色彩。1934 年中国童子军总会成立。1941 年统计全国童子军 4 967 团（其中女童军 433 团，幼童军 58 团），童子军 507 839 人（其中女 100 688 人，幼 10 091 人）。另有海外童子军 132 团，童子军 13 756 人。——作者注

④ 1844 年 Sir George Williams(1821—1905)创办青年会于伦敦。女青年会则系后由 Miss Roberts 及 Lady Kinnard 同时创始于英格兰两处而于 1887 年合并者。——作者注

⑤ 三民主义青年团成立于 1938 年，团员多为 18 岁至 35 岁之男女青年。——作者注

交谊会、俱乐部等自发团体之不同，就在他们的活动另有指导和扶持的人或机关。不过这种指导和扶持的注重点，仍在成员自身的利害和发展。

由于年龄之增长，生活之历练，无所谓的玩耍以外的趣益，逐渐增加了严重性。许多社团，要求对人生有更清楚的认识，因而增加了生活各方面的讨论和学习的节目。甚至一个成员一致的团体(知识程度相同，经济地位相同，或其他社会背景相同)，钻进一个不同的社区(往往较本团之地位为低的)里面去，下集体体验、集体协助的功夫，想扩大团体生活的范围，进而发现深一层的人生意义，如公社是。[①]

公社的发展，乃是根据于扩大团体生活、"亲民和象"的信念。伦敦陶恩比公社(Toynbee Hall)[②]是中产以上的大学生到贫苦区域去生活，以与大众建立相互了解的关系而设的。芝加哥的赫尔公社(Hall House)[③]也是知识分子受了英国陶恩比和俄国托尔斯泰的实行和哲理的影响，而在迁民社区里面建立的。[④] 英美这种公社的成立，日见其多，也深深地影响了中国大学实验区和知识分

---

① Woods R A and Kennedy A J. "The Settlement Horizon", Russell Sage Fdn, 1922. 二人曾在 1911 年合著"Handbook of Settlements". ——作者注

② 今多译为"汤恩比馆"。——整理者注

③ 今多译为"赫尔大厦"。——整理者注

④ Wise W E. "Jane Addams of Hull House". Harcourt, Brace and Co, 1935. ——作者注

子下乡，努力乡村建设的运动。[①]

自玩耍、游艺、歌咏、音乐、文艺、戏剧、烹调、缝纫、手工以至人生、经济、政治等问题的讨论，[②]都是社团工作用以发挥共同趣益、培育人格的手段，全以社会学上所说的"同类意义"[③]为根据。晚近的功能社会学和全相心理学，[④]也做了这种社团工作的理论参考。至于公社则更根据社会学上所确认的又一原则，非扩大"行动范围"，[⑤]则不足以充实人生，乃打算在同类之外，钻到不同的社区型或文化模式中去锻炼——当然也希望对于社区，予以可能的影响和改进。公社里面所办的辩论会、研讨会，以及音乐、戏剧、体育、法律扶助、生活改进等集会和活动，便是文化交流下的人格培育的良好手段。所以，公社运动一面表现了社团工作的精神，一面又是社区组织的一种方法。

社团工作的基本精神，在于民主，因为它所形成的社团，不以血缘为基础，也无阶级性，而完全以其同趣益为根据。为了发展共

---

① 如沪江大学之浦东公社，燕京大学之清河试验区，齐鲁大学在龙山，金陵大学在乌江，乃至定县、邹平等乡村建设实验中心。——作者注

② Le Bon G. "The Crowd" London，1922.（原文为 La Psychologie des Foules. Paris，1895，29th ed，1921）谓我们的世纪为讨论的世纪。——作者注

③ F H Giddings 所谓 Like-mindedness 和 Consciousness of Kind 见所著"Principles of Sociology"，1896；"Elements of Sociology"，1898. ——作者注

④ Kallen，"Functionalism""Encyclopedia of the Social Sciences"；Köhler W. "Gestalr Psychology"N Y，1920. ——作者注

⑤ Robert E Park 注重 Sphere of Action，见其系统讲演"集合行为"，著者记并译，载《派克学说论文集》，1934 年燕大社会学会出版。——作者注

同趣益，社团工作便不能不采取民主方式。原来社团工作非常注重人格上的缺点矫治和优点发扬。这种矫治和发扬在社团工作的方法上，只利用社会制裁才会有效。人类既有要求活动或自由的基本愿欲，社团工作者便要使社团能够供给每一成员自我表现的机会，使他感觉自己有所成就，得到团体的赞许，而继续积极的努力——消极的也不敢不遵照团体的行为标准（亦即社区标准之缩影），以维持大家对自己的好感。照中国原有的说法，这种赞许或拥护，可以由于"德"，可以由于"言"，也可以由于"功"。立德、立言或立功，都可以成为一种领袖，而达到自我表现的最高境界。社团工作便是非常注重这种领袖作用的。① 不过这里所谓领袖，并不是全团只有一个的领导者。那领导者不过是许多领袖之一种。团体之内，有许多活动，不但包括德、言、功等方面，每一方面又有许多表现的可能。人人都能在此团体之中，尽力于一种的表现，这便是分工。又因为一个团体有一个共同趣益，那便又会一致而合作。唯在分工合作的习惯下，才能发生真正的民主。在分工合作的组织下，没有暴君式的领袖，也没有奴隶式的从者，因为由不同的观点看去，人人都在领、人人都在从。社团工作的基本精神便在于此。

---

① Busch H M, "Leadership in Group Work". Association Press, 1934. ——作者注

民主既然是大时代的要求，社团工作便有了非常重要的使命。团体成员在“初级接触”之中，满足了自己的直接趣益，同时，他们更培养了民主作用，以为现在和将来从事和平社会之建造的基础。

于是社团工作有了政治的意义。

国家的建设需要人民的合力。于是人民应该组织。而组织之具体表现便是各种人民团体了。我国以人民团体之组织训练，作为社会工作之重要部分，而要人人参加到相当的人民团体里去。这是异常合理的，因为人民的社会关系和物质福利，如要发展，则非有间架，非有体系，是不会发生广被的作用的。

为了指导和扶助的便利，社会行政把人民团体分为“职业团体”和“社会团体”。① 职业团体包括农会、渔会、工会（产业，职业，特种三类工会）、商会，以及教育会、医师、中医、律师、会计师、工程师、新闻记者、牙医、助产士、药师等自由职业团体。它们是以维持和发展人民的生活和福利为目的的。

社会团体是为了实现某种共同目的，以志趣关系，不受职业限制而结合的，如文化、宗教、公益、慈善、体育、卫生等团体。它们实在也是为了人民的生活和福利，不过不如职业团体之显然有着高

① 社会部组织训练司编印：《人民团体组训手册》，1942 年。——作者注

度的经济性罢了。

在此战时,大多数人民团体[①]还没有怎样为其成员本身发展生活和福利,因为它们当前的主要任务是政治的和经济的。《非常时期人民团体组织纲领》规定它们“以抗战建国为其目的”,应该“尽其战时的义务,对于政府所定之动员办法、国防及生产计划等,努力促其实现”。[②]

在如此的时代要求之下,传统的社团工作当然不够。然而以训练民主为基本精神的社团工作,仍有许多宝贵经验可以贡献给人民团体的组织训练。因为到今天,人民团体里面所应努力的四权训练和专业训练,离它达成民主宪政和地方自治的程度,还远得很,而且有待充实。[③]

同时,人民团体之组训,应该将社会工作扩大其视野和范围。

① 1942年3月社会部公布《全国人民团体总登记办法》,至1943年年底履行登记者22 321个团体,其中社会部准予备案者17 250个;总登记开始后成立而经准备案者2 621个。所以截至1943年年底,共计完成法定手续的人民团体19 871个,会员4 239 439人,团体会员52 139个(职业团体17 343个,会员3 033 918人,团体会员47 572个;社会团体2 528个,会员1 205 521人,团体会员4 567个)。此项数字仅限19省市及社会部直辖团体,未计苏冀鲁晋辽吉黑热察新蒙藏京沪平津青岛等17省市地方。见社会部统计处编制1943年12月底《全国人民团体统计》。——作者注

② 此项纲领1940年6月1日国府公布,见社会部编印《社会法规汇编》第一辑,1942年9月。——作者注

③ 1939年9月29日国府公布《新县制组织纲要》以后,县各级民意机关(甲户长及居民会议,保民大会,乡镇民代表会,乃至县参议会)所要运用的民权,随省参议会之后展开了。固然可以“边做边学”,但是如果各种团体都有社团工作的协助,则民权之基本训练自会有更大的效果。——作者注

在目前，人民组训与人格培育的两种社团工作方式，虽然因为前者源于革命抗建的历史要求，后者源于澎湃于世的民主思潮，而尚有相当的距离。但是，我国现代所需的社团工作，已很明显，不应是单纯英美式的人格培育的工作，也不应与极权各国一样完全以人民团体为工具，而必须是兼有发展社会化人格、锻炼民权运用和谋求民生福利三重任务的。

第五章　社区组织

社区组织，原是美国社会工作的一种方式。[①] 我们却可以靠着社区社会学之发展，使这种方式有了更为深切的意义，而成为建国大业中的一个重要概念。

这概念我们如何去分析呢？我们必须先问什么是社区，什么是社区之组织，才能进而明了如何去组织社区，或说如何去改组社区。

① Hart J K. "Community Organization"N Y, 1920; Hayes A W. "Rural Community Organization", Chicago, 1921; McClenaham B A. "Organizing the Community" Century, 1925; Pettit W W. "Case Studies in Community Organization", Century, 1928; Steiner J F. "The American Community in Action"Henry Holt, 1928; Steiner J F. "Community Organization: A Study of Its Theory and Practice", Century Rev Ed, 1930; North C C. "The Community and Social Welfare". McGraw-Hill, 1931. ——作者注

何谓社区？社区是社会之有地域性者。[①] 社会是人之组合，社区当然也是人之组合。不过因为有地域范围，社区里面所有的人之活动，容易经常化，而构成制度。于是社区是人之组织，也是制度之组织。社会学家派克与博捷斯说“社区是社会势力之星座”，又说“社区是制度之星座”。[②] 我们根据实地研究，则以为社区不仅是星座，而像蛛网。蛛网是有核心的，社区便有核心。有所谓人之核心，即社区中积极的分子或先知先觉。也有所谓制度之核心，即社区中满足主要需要的经常集体活动。此种活跃成员与主要活动，常在社区之地理核心上，配合到一起。

社区之区域普通是较小的，例如，村落社区、乡村社区、都市社区。通常想不到把“社区”一词用于一个较大的区域。实则全国何尝不可以是社区？若干国乃至全世界又何尝不可以是个社区？[③] 小区域可以是单核心的社区，大区域可以是复核心的社区，其中便有了主核心和一个以上的副核心。所以，社区是个活的概念。社区不但有其地理距离的问题，也有“社区化”的程度问题。世界大

① Park R E and Burgess E W. “Introduction to the Science of Sociolgy”, Chicago, 1924. ——作者注

② Park and Burgess 前书第 163 页；Smith T V and White L D. “Chicago: An Experiment in Social Science Research”, Chicago, 1929. ——作者注

③ Walter Lippman 在他的新书“US War Aims”, Boston, 1944 中建议将世界划为三个大社区（great communities）：The Atlantic Community, The Russian Orbit, The Chinese Strategic System。他说大同世界将是大社区之联合“The universal society would be the association of the great communities of mankind”. ——作者注

同之基础，在于社区习惯之能日趋扩大。

社区化之过程，是社会学里面的一个主题，因而许多社会学者都研究它，[1]不过大家意见并不完全一样。有的注重其心理关系，例如马其维；[2]有的则注重其区位关系，例如芝加哥派。[3] 芝加哥派受德国社会学影响很大。

至于德国还有人发扬社区研究，例如，克里斯陶勒在德国南部发现了社区之扩大公式。他发现社区是六角形的。[4] 一个小社区（例如一个村）既是六角形的，则与之接连的小社区必是 6 个。将这 6 个小社区之核心，用线连起，恰成一个较大的六角形。于是那中心社区的小村，便可扩大为这较大六角形的社区之核心，而为集镇了；整个较大社区便是这集镇所影响的“县”了。这一较大社区，

---

① Zimmerman C C. “The Changing Community”, Harpers, 1938; Sims N L. “The Rural Community, Ancient and Modern”, Scribner's Sons, 1920; Sanderson, D. “The Rural Community: The Natural History of a Sociological Group”, Ginn, 1932; Sanderson, D and Polson R A. “Rural Community Organization”, John Wiley and Sons, 1939. ——作者注

② MacIver R M. “Community”, Macmillan, London, 1917; MacIver R M. “Elements of Social Science”, 5th ed., 1931; Lindeman O E. “The Community”, Association Press, 1921; Hobhouse L T. “Social Development”, Holt, 1924. 是从心志观点去研究社区生长（第一章）、社区基础及其发展的。——作者注

③ Park R E, Burgess E W and McKenzie R C. “The City”, Chiago, 1925; Burgess E W. “The Urban Community”, Chicago, 1926; Smith and White. “Chicago: An Experiment in Social Science Research”, 1929; McKenzie R C. “The Metropolitan Community,” McGraw-Hill, 1933; Bews J W. “Human Ecology”, Oxford, 1935; Alikan M A. “Social Ecology”. Columbia, 1938. ——作者注

④ Ullman E. “A Theory of Location of Cities” “American Journal of Sociology” May, 1941. 详尽介绍 Walter Christaller 的 central place 之说。——作者注

同其他6个与之接连的较大社区，又构成一个更大的六角形社区，其核心便由原来的集镇扩大为都市，而此更大的社区，成为那个都市所影响的“省”。理论上，这六角形的扩大变化，可以大到全国，可以大到全世界。克里斯陶勒却仅在南德证实了他的公式。在中国，这公式是否可靠，需要我们从“腰店子”[①]、小村、大村、集场、县城、大都市之区位分析上努力。此种分析，当然要靠实地研究。法国勒浦累（1806—1882）早在19世纪中叶做工人家庭经济之研究时，已经发现了“地境→工作→人民”这个公式。[②] 我们虽然不能采取地理决定的观点，却应研究区位的因素。

提到核心便易想到中心，想到中心便易想到圆。但是如果把社区抽象化，当成圆形，即使在平原上，也是不妥的，因为从许多互相接连的社区看来，如果全是圆，则圆与圆之间，岂不有了许多空隙，变为没有核心来影响的“无人地”了吗？实地研究，证明社区不是圆的，而是多角形的。

多角形的发现，不是自20世纪40年代的克里斯陶勒开始的。

---

① 腰店子是指那些远离闹市，前不着村，后不着店，专供旅客歇脚住宿的小店。这个词源自南宋诗人陈造的诗句“腰铺人家紧闭门”，“腰铺”即指这类小店。——整理者注

② Le Play F. “Les Oeuvriers Euopeans”，1855 他原来的公式是 Lieu，Travail，Famille. 继为 Place，Work，Folk. 也可变为 Environment，Function，Organization. 见 “Sociology” Le Play，“Encyclopedia Britanica”，14th Ed. ——作者注

美国乡村社区分析的前辈盖尔频早已在上次欧战时应用贸易、学校、教堂等所影响的区域来划定社区，找出社区之多角性了。[①] 可是他未能把这多角形公式化或规律化。我们中国的乡村调查，一般说来，至多到了盖尔频的程度。

美国西北大学社会学系代理主任贝雷教授(Bailey)根据他所收集的许多都市高空照片，讲授社区组织时，认为大都市是三角形的，一角是住宅区、一角是商业区、一角是工业区。

在山地，社区大概是自下而上去发展的，容易以山脚为核心。著者前在贵州定番县[②]的苗夷汉杂居社区工作，发现汉人往往住在山脚大路，水夷退在山腰，苗胞挤在山顶。此种社区，自以汉人所在的比较平坦的集场为核心，核心越大，影响区域便越高越远。至于沿河社区，多为长形，如著者所曾考察的四川西北的黑水番区。[③] 而沿河山城，则常是先在河边繁荣，再向上发展，核心亦随之向上迁移其所在。重庆便是如此。沿湖沿海之平原社区，大体为扇面形，例如，派克等所描述的芝加哥都市社区：芝加哥在密西根湖之滨。他们找出它有五层半环。临湖为商业中心，绕着它的半环为转变中的工业地带，第三层为不能离开工厂太远的工人所

---

① Galpin C J. “The Social Anatomy of the Agricultural Communiy”Ch，Ⅳ “Structure of Rural Society”“Rural Life”Century，1918. ——作者注

② 今惠水县。——整理者注

③ 见拙作《黑水社区政治》，载 1943 年 12 月及 1944 年 2 月《边政公论》。

麇集的贫民窟，第四层为出租公寓地带，最外层为富人住宅地带。再外则为一些卫星城市了。①

以上各种关于社区形式之描述，虽不一致，著者从前所曾下过的社区定义，仍然可以应用："一个社区是在一个地方，人与人，以及制度与制度，所形成的一种联合；或说是一群在一块地面上居住的人，有着共同的经验背景，几种满足基本需要的制度，和一种地方团结的意识；他们也能共同努力于地方问题之解决。"②

分析了社区之形式，再来看看社区之内容。前段论及社区是人之组织，是制度之组织。什么是组织呢？组织就是分工合作。③组织就是互为目的，互为手段。④ 如果我离了你，而我仍能生活，你便不是我生活上的必需，你便不是我的必要手段，你便不是我生活体系里面必要的一部分；反之，我之于你亦然。你我之间，如果没有如此的"手段的关系"（从另一角度看，便也是"目的的关系"），你我之间便谈不上组织。换言之，必须"人人为我我为人人"（此二语不可断作两截），而后才能分工合作，才能有人之组织。

从制度上看也是如此。必须每个制度都是其他制度之目的，

---

① Park, Burgess and McKenzie. "The City", 50～55. ——作者注

② 蒋旨昂：《战时的乡村社区政治》，商务印书馆，1944 年 11 月。——作者注

③ Keller A G. "Man's Rough Road" Yale, 1932, 14～15. ——作者注

④ Coleridge. "What is organization but the connection of parts in and for a whole, so that each part is at once end and means?" "Webster's International Dictionary". ——作者注

又是手段，才能成为制度之组织。否则，一个制度只是在其他制度之间，强占了一个地位而已。二者之间，既然没有必然的相互需要，则不是不合，便是矛盾。矛盾之极，不但谈不上组织，甚至会使社区解组。[①] 并不是说，解组可以完全避免。革命便常是显然要把新制度放到旧制度中间去：或是代替旧制度，或是改变旧制度，结果成解组，乃至破坏，而以新制度为基本，来改造，来重组，来建设。

实际说来，人之组织与制度之组织，根本是一体之两面的，因为人与人，如果仅是拉到一起，而无具体的共同活动，或无相互之间的作用，则仅是编制，仅是拼凑，而非有机的组织。大家一有共同活动，大家一有相互作用，只要经常下去，便成了制度。所以人之组织，得产生制度之组织。同时，说制度之组织里面没有人之存在，也是不通的。于是，人之组织，制度之组织，乃至社区之组织，显见只是一回事了。

组织既是分工合作，则工如何分，作如何合呢？我们必须分析人的工作是什么，工作当然要根据人的需要。那么，人的需要又是什么呢？托马斯说是新经验、安全、社会反应，社会承认。[②] 凯勒

---

① Elliott M A and Merrill F E. "Social Disorganization"Harpers, 1941. ——作者注

② Thomas W L and Znaniecki F. "The Polish Peasant in Europe and America"Alfred A. Knopf. Vol Ⅲ, 1921; Thomas W I. "The Unadjusted Girl", 1923. ——作者注

则谓迫人联合的“社会化力量”是饥饿、恋爱、虚荣、畏惧，乃所以求自存、自续、自满、自卫。[①] 别人还有许多说法。[②] 著者则如第一章所论，认为人类基本需要，可以归纳为安全与活动。达成“自我”之安全与活动的工作，是有价值的；达成“大家”之安全与活动的工作，则为最有价值的。所谓分工合作，便是要把达成大家之安全与活动的工作，分别担任，而又共同努力。换言之，如果我的工作能帮你安全、活动，而你的工作能帮我安全、活动，则你我之间便有了组织。你与我便可融会于分工合作的制度之中，而不致互相妨碍，甚或毁灭。

社区成员之基本需要，虽仅为安全与活动，达到此种目的的办法，却日见其多。不过，种种办法，总不出三大类：情感的、经济的、政治的。换言之，满足人类基本需要的制度，不外情感的、经济的、政治的。[③] 所谓情感制度，包括满足夫妇亲子情感的家庭制度，满足对于超自然的情感宗教制度，满足人类相互情感之沟通的教育制度以及娱乐制度。凡此种种，如果超出情感之外，则成为经济的

---

① Sumner W G and Keller A G. “The Science of Society”, 1927；或其缩本 Keller A G, “Man's Rough Road”, 1932. 本书除第一部一般地讨论适应外，分为四大部，即求生、宗教(由于畏惧)、延种和满意。——作者注

② 如 Lindeman 以为人类有身体的、物质的、社交的、智力的、美学的、道德的六种需要，表现为健康、财富、好客、知识、美丽和正义。见“The Community” Association, 1921, 77～79. ——作者注

③ E W Burgess 将社区分为三种组织：经济的、文化的、政治的，见其“Urban Areas”，“Chicago: An Experiment in Social Science Research”, 125. ——作者注

或政治的制度了。经济制度,基于人类想要控制自然与物资的需要。政治制度,基于人类想要控制同类的需要。所谓控制,通常以为只是权力控制,实则,利用各种福利活动而发生控制的效果,其过程也是政治的。比如,教育制度,如果使人发展其情感,而健全其人格,自属情感的制度。如果使人因为多知而增加控制他人的能力,则教育制度又可以叫作政治的制度了。社会工作之易于流为政治的工作,其原因即在于它常是致力于社会设计之类的控制的,虽然社会工作的控制,在根本上仍以软功夫为主。

社区成员之基本需要,除了安全与活动,还有什么呢?其满足此两大需要的制度,除了情感制度、经济制度、政治制度之外,还有什么呢?社区之组织,实在就是这三种制度之配合。制度充足而配合得当,便有组织;制度缺乏而配备不齐,便是组织不够;制度矛盾,无从配合,便成解组。

社会工作所谓社区组织,就是组织社区,也就是社区重组或社区改组。原有社区组织不够的,充实它;原有社区组织崩溃的,调整它。要重组,要改组,便含政治性了。

如何组织社区呢?我们先来探讨一下美国社会工作界所说的“社区组织”是什么意思。社区组织运动,源于20世纪的末期,为了贫民社区之改进(如公社运动),也是为了解决都市社区内社会机关间工位之疏漏、重复以及冲突的。比如社区里面救助机关很多，会奔跑钻求的需助者，能够得到许多机关的帮助。帮助多了，则不但需助者因而会浪费起来，每个机关所浪费于重复调查、重复记录的时间精力，也就可惊。同时，每个机关经费均属有限，既然无缘无故地厚待了会奔跑钻求的人，则对那些不会奔跑钻求的需助者，所能兼顾的力量自然减少了。我国各大城市慈善会的救济也犯这毛病，在他们分头办理冬令救济时，尤其如此。[①] 美国解决这个问题的办法，是创立“社会服务交换所”，乃是全市救济机关联合组设的。合作机关将所做记录扼要报告该所。新案开始之前，受理机关先以电话查询该所，如发现需助人曾被另一机关帮助，而那机关对于他现在的问题仍能帮助解决时，就劝他仍然回到那机关去。

我国因为还没有很多的救助机关，又因为向来不注意个案记录，所以不曾设立过这种交换所。

社会工作中，另一社区组织机构，是社区金库，或名联合募捐处。其目的在于保障贡献捐款的人，使他不太遭受烦扰，并使社区内捐款工作，不致重复，亦免疏漏。社会工作需要公私资助。公款固然有政府预算程序来控制，私款则属于自由乐捐。能做宣扬工

① 社会部 1942 年 10 月 26 日颁行《冬令救济实施办法》以后，各省县市一律按时设立冬令救济委员会。在发动社会力量的口号下，把那些慈善会网罗进来，组织一下。可惜冬令一过，他们便又恢复原来散漫的状态了。——作者注

作的社会机关，便能多得乐捐，否则，在此生活日趋复异的今日，徒有成绩，而宣扬乏术，便不被人知，因而难于得到社区之资助。于是，各种社工机关竟以专人负责宣扬。其术之精，几可颠倒黑白，致使毫无成绩者亦可显得效果辉煌。一般无暇或不能详细考察的乐捐者，受其蒙蔽而不自知，捐款遂致浪费。而且，宣扬既属频繁，乐捐者听取此种吁请之时间亦必增加。所耗时间过多，易起反感，至其极端，也许使他决然一文不捐，以免烦扰。再从积极方面观察，则社会设计之思想，已使社会工作者深知，任何社区之建设，必须把握中心工作，甚或分期实施，以便人力财力之集中使用。社区资源，遂须统筹办理，又不仅公款应该如此了。

根据上列各点需要，于是有联合募捐处的办法。年度开始之前，参加合作之机关各将所需捐款，分别报请该处汇办，做一通盘预算。然后由该处专人向整个社区统办宣扬事宜。捐得款项，按照各合作机关之成绩、能力及需要，比例配给它们。不仅各机关节省了单独宣扬捐募的气力，也不仅乐捐者被烦扰的次数减至最少，社区资源更可做一通盘计划，以求按期之进步了。

但是联合募捐，并非毫无困难。第一，乐捐者尚多偏好，仅喜资助其所特别爱好的工作、工作者或工作对象，而不能看出，任何社会机关，只要有其社区需要，便应资助，因为社区进步是多元的。第二，许多已有成绩表现或已得社区信赖的机关，相信自己募捐更有把握，不愿弱小或新兴机关与之利益均沾。这实在也是因为还未明白社区生活之真谛。

狭义的社区组织更进一步的方式，是社区协进会。其目的在于计划推动全社区里社会工作之实施。上述社会服务交换所和联合募捐处，都可附设于此种协进会。①

社区各种制度里面的机关，可有两种主动设立的力量，一种是社区本身的“自力”，一种是社区以上的“上力”。社区为了满足某种需要，而有某种制度；为了充实某种制度，而设某种机关，自最合理。但是人类的互倚性，逐渐地扩大其范围，社区里面往往有些机关是较大社区（如国家）所需要，而非本社区所单独或特别需要的；又或本社区虽有特别需要，社区分子却尚未明了其价值，因而无意设置。然而上力所促成的各种机关，多属各有其纵的系统的。它们来到社区之内，如何形成横的连锁而全面扣合，颇少预为安排的。所以上力所促成的机关，虽有合于较大社区之需要，专家之设计和指导，设施之标准化等便利，仍须提防割裂社区，阻遏自动，忽略特殊情况等弊端，因而需要创设社区协进会，以收“专家”与“自主”两利相成之效。②

---

① Borst H W. “Community Chests and Councils” “Social Work Year Book”, 1929. ——作者注

② Hewthorn H B, Ch 21. “Methods and Systems of Community Organization” “The Sociology of Rural Life”, 1926. ——作者注

除了以上这些富有机关行政意味的工作以外，为了社区分子之社会化，英美自19世纪末叶产生了公社运动。后来的“社区中心”运动[①]——无论是学校附设的，还是单独办理的“中心”——也是同一作用。通常讨论狭义的社区组织工作时，往往论及公社。不过，它们的做法乃以社团工作为主，已见之于第四章了。

以上并不是社区组织工作之全部可能。在他国，社区内充实制度之机关，已然不少，所以要交换消息，要互通有无，要避免割裂。而我国的毛病，却是社区内没有够用的机关。这一点，孙总理[②]看得最为清楚，所以他主张在开始地方自治的时候，必须“立机关”——“设学校”也是立机关的一种。[③] 他国是已经有了还要改善；我们则是缺乏的太多，无从改善起。他国正在努力避免重复和冲突，我们则更要加重疏漏之充实。这当然不是说，我们毫无重复，毫无冲突，只不过，这还不如疏漏之弊来得严重罢了。

所谓疏漏，表现在各种制度当中了。我们的精神生活，岂不极为灰色吗？这是因为情感的制度不够！我们物资的应用，岂不极为贫乏吗？这是因为经济制度不够——我们岂不是谁也帮不上

① Ward E J. “The Social Center” N Y，1913；Bowmen L E. “Community Centers” “Social Work Year Book”，1929.——作者注

② 指孙中山。——整理者注

③ 《地方自治开始实行法》主张试办六事：清户口，立机关，定地价，修道路，垦荒地，设学校，见《总理遗教辑要》，中央训练委员会1941年辑，第六篇第三章。——作者注

谁，谁也控制不了谁吗？这是因为政治的制度不够！真正组织社区的工作，是要针对这许多疏漏去充实的。所有这些充实工作，从一个观点上说，都是有政治意义的，然而绝不是一项命令或若干条文所能办到的。必须先做研习，而后推广。例如，近一二十年在地方建设工作上所提管教养卫的方案，便是如此。乡村建设运动以至县政建设运动，实在都是适合中国时代需要的社区组织运动。

所以，我们组织社区的工作，要做到《诗经》所说“有物有则”，不仅是机关之联系，事业之配合，而更是机关之补充，制度之建立，以增加人民生活之所凭借。

狭义的社区组织，原为国外社会工作的一种方式。合乎我国要求的社会工作，则不只限于一个人、一个家庭失调之解决，而更要造成运动，“化民成俗”，大家都非常顺适地组织起来，学得能力，去补充机关，建立制度，为大家谋福利。于是社区之重组或改组，不仅是社会工作所应负责的。情感、经济、政治种种制度之改善与充实，都有赖于不同的专门学问和技术。但须注意，社会工作在这种种制度之改善与充实上，有其重大的贡献。它可以根据对于社区形态和内容的认识，拟订社会计划，以为社会关系调适的张本。

第六章　社会行政

社会行政之所以别于他种行政的特点有三：一为民力之发挥，二为自下而上之精神，三为组织与福利之合一。

社会服务和社会行政，乃是为了发展社会建设。总理提倡社会建设，就是为了“固结吾国之人心，纠合吾国之群力”。所以我们的社会工作实在含了深一层的意义。在他国，社会服务多半注重了救恤。美国的社会服务，大部在于济贫，以渊源于英国“慈善协会”的个案工作为主。[1] 英国的社会服务，虽然包含较广，有教育，有卫生，但主要的还是救助，以 1601 年以来的《济贫律》和近年的

---

① Wilson F D. “The Charity Orgnization Movement in the United States”. Macmillam，1922. ——作者注

社会保险为主。[1] 我国却把社会工作当成“固结”和“纠合”的手段。英美那种社会服务，和我们以前的慈善事业，均仅为我们想要发展的社会工作之一部。同时，为了发挥民力，便不能不把民众之组训作为社会工作之对象。

民力来自基层，不可强求，只能引发。引发便要靠组训，靠福利。先就福利事业而论，它一面固然是民力发挥的结果，一面更是引发民力的手段。

什么是福利事业呢？凡足以充实整个生活的集体活动，都可说是福利事业。经济、卫生、教育等只是注意生活之一面的活动，不叫福利事业。[2] 通常以为施舍钱财，是谋人福利，实不尽然。给了乞丐一些钱而对于那钱在他生活上所发生的影响，并不理会，便谈不到福利。他如拿这钱去吸鸦片，他实受害。他如拿这钱治疗，显然只是卫生工作。若进而视个别的需要，助以技能训练、娱乐指导、知行扩张，以及其他所谓“文化”工作，使他们即使不再为国效命沙场，也成为社会中人格完善的分子，这就是福利事业了。一个机关如仅仅传授儿童一些文字或手艺，则它只算供给了某种教育；

① Webb S and B. “English Poor Law Policy”Longman Green，1913；社会方面保险参考 Beveridge Report，“Social Insurance and Ailied Services”，1942. ——作者注

② 英国根据其历史发展，将卫生和教育与救济同列为社会服务事业。见 Simey T S. “Principles of Social Administration”Oxford，1937. ——作者注

假若它用机关内外的各种力量，使他们成为人格健全的优秀青年，它便发展了福利。社会进步表现于生活各方面的改善。福利事业就是有计划地应用这种种改进势力，使大家之人格能够完全发展的集体活动。

福利事业不必都由民众自办。但是它如果发生力量，那力量必是来自民众的。民众已经对之有了兴趣的事物或行为，即使是先知先觉所认为不好的，如果他们对它的兴趣并不转移，也必难于破坏或取缔。所以有的地方，仍肯为迷信浪费，而不愿为学校捐基金。同理，福利事业得不到民众赞助，就趋失败。县救济院往往有名无实，受到"救济院救济院长"之讥评，不能都归咎于经费太少，主要还是由于它并未引起民众之兴趣和力量，来监督它，来协助它，来利用它。所以社会行政的根本精神，是应该自下而上的，才不致与民众脱节。

再就组训而论：民众还在过着宗法的、涣散的生活，必应根据世界潮流、时代需要，加以组训，才能进而共营公民的、集体的生活。于是民众组训，在我们革命建国的过程当中，变为首要的工作了。我们今日的社会行政，不单是由于救济服务之需要，而实渊源于民众组训。"民众组训"与"社会福利"之被我国同时放入社会行政之中，[①]可以说是我国对于社会工作独到的贡献，深足以补救社

① 1940年10月11日国府公布，1941年11月20日国府修正的《社会组织法》规定社会部置总务司、组织训练司、社会福利司、合作事业管理局。1942年9月（转下页）

会服务零星散碎之弊。

然而，目前各级社会行政机关还少把握着社会建设这伟大目标的。它们还未能将福利与组训打成一片。福利与组训如不合一，福利自然是支离的，是头痛医头、脚痛医脚的；组训便也自然是空洞的、呆板的，只能使被组训者觉得受组之后，更是别人的控制物。于是组训是被动的，福利也是被动的，与"团结人心，纠合群力"之目标，真是南辕而北辙了。所以我们曾说："组训民众之目的，是要民众自觉，合力来发展自己的福利。无组织的民众，不能接受福利事业，即使能接受于一时，也难维持于永久，自更无从创造新的福利事业。同时，不以福利为内容的组训，亦必落空，徒具形骸。各地组训工作，常有无益于大众生活的，正坐此病。"①

根据以上的认识，试以一般行政学之范畴，提出社政学②在机构、经费、人员、报告四方面的主要原则。

一、机构

社政机构，不管是社会机关的，还是公共社政的，必须合于一

(接上页)18日国府公布《社会部劳动局组织条例》。于是社会部中由三司一局变为三司两局。不过组训与福利显然仍为社会部之中心工作。1941年9月5日行政院公布《省社会处组织大纲》，以"社会处主管关于人民组训，社会运动，社会救济，社会福利等事宜"，更以组训与福利为中心。——作者注

① 拙作：《组织福利事业——社会行政之路》《现代读物》6卷9期，1941年9月。——作者注

② Kelso R W. "The Science of Public Welfare" Henry Holt, 1928; Simey T S. "Principles of Social Administration"Oxford, 1937; Durham A. "Administration of Social Agencies""Social Work Year Book", 1941. ——作者注

般行政原则，尤须如下的探讨。

1. 金字塔。行政机构之基本原则，横则系统完整，纵则层次分明。新兴事业，局面亟待展开，每多东拉西扯，头重脚轻。社政新兴，若能把握其目的确在基层力量之培育，而不旁骛，则其系统自可完整，其层次亦将分明。因之，社政机构作金字塔形，既能显成整体，而又阶层确立；事权集中，影响遍及。上者求其单一，下者求其深入。在中央、机构力谋简化，且便外勤——我们宁可增加眼到、口到、手到、脚到的辅导人员。其地方机构，则尽量普遍，而以服务为主体，就使治事者多于治人者。

国民政府成立之后，在各市政府设置了社会局或社会科。但是在广大的乡村县份，却只将社会行政附在民政科内。直到1939年9月19日公布了《县各级组织纲要》，其第八条才规定县政府可以设社会科，由省政府依县之等次和实际需要，拟定其应否设立及其职掌，报内政部备案。例如，1940年1月13日公布的《四川省各县县政府组织规程》第十四条规定，社会科管理关于：① 人民团体之组织及登记；② 感化、救济、育幼、养老及济贫、救灾等慈善；③ 劳工行政；④ 新生活运动国民精神总动员；⑤ 人民团体及民众组织之纠纷处理；⑥ 人民团体及民众组织之经费审核；⑦ 各种社会运动之宣传及推行；⑧ 其他有关社会福利等事项。

1940年11月社会部由党部改隶行政院，对于地方社政机构之普设，不遗余力，虽然碰到不少的困难，许多省份已设了社会处和县市社会科局。

但是无论中央、省（市）、县（市），各级社政机构，都还有待依据行政原则去修正充实。

2. 三联制。三联制之于社政，更有其一般行政功用以外的特殊意义。原来设计、执行与考核，非仅社会行政系统以内所必需，而因社政精神是自下而上的，其设计与考核乃更有赖于社区分子之热烈参加。行政学者得自运用军队之教训，一关统辖，一关参谋。社政之中，与其注重统辖，毋宁谓其尤极注重参谋。因为，社会力量之参加，实为社政成功之主要条件。而设计与考核，均为社区表现力量的机会。至于社会工作之需要社区调查，亦以此故；不令可做行政之参考，且更足以鼓励社区之同情与集体行动（参见第二章）。

3. 分工法。行政机构之间，力求系统完整，以便分工合作。社会行政有其特殊的内容和技术。这内容和技术之范围，就是“福利事业之组织”。如果把握了这个范围，则社会行政虽然因为是新兴的，曾从民政、教育、卫生等部门，提出其应有的职掌，而与其他行政之间，仍不会有横的重复。如要避免纵的重复，更须认清范围之大小不同。于是一个小社区能做的，不要县市做；一个县市能做的，不要省或中央做。假若他们所做不及标准，上级可以督促或鼓励(补助金就是一种鼓励工具),其效果应较代庖为深远。中央如果去组织各地所办的福利事业,使它们效果相成,使它们齐头并进,而且负责那些地方无力自办的福利事业,却必没有重复的问题了。例如,美国联邦政府之天奈西[①]流域局[②]所组织的,乡村电气化运动下的农民福利事业,只有在联邦政府把那流经数州的大河,开发了水电以后,才能组织起来。所以不但要分工积极,还要有社会计划,以为联系。各种福利事业,进度常不相同。迟缓的如何迎头赶上,迅速的如何不受迟缓的拖累,是要有代表整个社区趣益,或整个国家趣益的公共社会行政,加以全面安排的。福利事业既然全以发展人格之社会化为标的,则必然只剩达到这标的的手段上的差异了。社会计划所注意的就是如何在这些手段之间,发展其有机的作用,而减除其相互抵消的冲突(见第五章)。

在社会行政机构内部的分工,其理亦然。而分工标准,至为重要。现行社政机构之内的分工,首先做"方法"性的划分,一方组训,一方福利(如分司);再以"对象"来划分(如分科),结果福利司有工人福利科,组训司也有工人组训科,便发生割裂社政对象的危险了。用一批社会行政人员专去组训民众,再用另一批社会行政人员专去讲求他们的福利,也太浪费。所以,我们以为组织与福利

① 今译为田纳西。——整理者注
② TVA,Tennessee Valley Authority 为罗斯福复兴新政之一。——作者注

两种方法必须合一，而应以“对象”为分工的主要标准。福利之主体，与组训之标的，实即同一民众。即组训，即福利，是社会行政之一体两面，不容拆散。所以公共社会行政如要分科设司，只能以受组训享福利的民众之类别（如儿童、妇女、工、农、商等）为划分之准绳。教育部分为高等教育、中等教育、国民教育等司，便是各就其对象而分的，法颇可取。

二、经费

表面观之，社会工作似偏消费，而其实效，则有助于国力之产生，至为深远。所以社工经费须在良好的社政机构之下，予以积极运用的机会。①

1. 政府财力与社区资源。社会工作所费至巨，万难全由政府担负；所幸，社政机关创立虽新，服务社会，解囊相助，则早已成为传统的民风了。此种社区资源，至为宝贵。如何使其源远流长，发挥其最大效能，且不致因受监督而隐匿枯竭，均宜研讨；而补助金制之善为运用，亦为要图。补助金之发给，并非所以对于下级“买好”“示惠”，而确有其扶掖促进，使之标准化的功效。1943 年 9 月 29 日国府公布的《社会救济法》，为了救济费用列有专章，关于救

① Proctor A W and Shack A A. “The Financing of Social Work” McGraw-Hill, 1926. ——作者注

济经费的负担主体、预算、补助、募捐、不得移用、收支公布等项均有所规定，以便政府之引发，而利社区之自动。

2. 事业费与行政费。社政既重引发和领导，公共社政的事业费便应偏重实验之奖助与成效之推广，而其行政费则宜减到最低限度，因为我们必须以极少的人员、极简的设备，完成最多的事工。这不仅是行政学的基本原则，也是抗建时期革命志士应有的义务。虽然如此，这并不是说社政人员应享受的待遇可以过于刻薄，因为一人真抵一人用时，社政便成了专业；社政既成专业，社政人员便理应享受专业的待遇了。犹如医药界和教育界一样，我们再不能希望以贱价得到受过高等训练的专业人员了。

3. 预算与计划。社政所要应付的问题，解决需时，效难立显。以致浅见者流，误以为进度预算乃官样文章。实则，社政效率之获得，与一般行政相同，必须预先计划周详。一个特定时间(普通一年)的计划，用金钱数字表出，而由主权机关通过，即成预算。人、事、时、地、物之运用，均宜预为明确安排，按照收入，按比例分配。支出预算决不应径以12除之，以得每月之经费数字，即为满意；因为真正的预算必须配合工作的季节性，也必须注意物资之集中购买，以图节省。在此抗战时期，社会需要和物价增长，变动均大，预算几乎需要定期地修改；但是预算与工作计划之密切配合，终不可略为疏忽，致损效率。

三、人员

许多社会事业，有其悠久的历史，经办者又是不一定在本行上有什么专长的“常人”，于是通常多以为任谁都能担负其执行的责任——即使有什么必须学习的技术，经过学徒式的训练，也尽够了。其实，在今天这生活日为复杂、分工日为细密的时代，如有效地培养专业社工人员，实为当务之急。①

1. 基本训练。社政人员不能不有一套正确的社会政治的思想体系，以为工作指南针。此种体系建立在对于国家的主义和当前国策的了解上面。进而言之，社政对象是民众，则社政人员对于民众的要求，须有把握。凡此了解与把握，都是社政人员应有的基本训练。

2. 专业地位。社政人员更须有其技术训练。既名技术，则实用不能轻于学理，一方得自服务、一方得自行政。服务直接影响民众，而行政则安排服务。为了便于服务之实施，社政人员应该从优秀的服务人员选拔出来，使之兼得二者之长，以增高其专业地位。

3. 新政新人。徒法不足以自行。社政是种新政，须用新人。此所谓新，绝无年龄或性别的限制，乃指其现代技术和进取态度而

---

① Brown E L. “Social Worker As A Profession”Russell Sage Fdn，1936. ——作者注

言。这种新技术、新态度,都不是短期训练,所易换汤又换药的。长期的专业教育之设施,确为今后所必需(详见下章)。

四、报告

政治制度仅为社区诸种制度之一,虽可发生领导作用,但决不能超然独立。公共社政又不过政治制度之一部,其不应与社区脱节,自更显然。所以,达到相当标准的社政报告,实在应该成为发展社区联系的重要工具。

1. 事实教育。社政如要“团结人心,纠合群力”,必须以事实为依据。社政之成果,实为固结纠合之有力表证。社政所已完成的诸种事工,都足以教育民众。通常只会批评国人对人则自私自利、无情少爱,于己也空虚灰冷、颓然乏力;而不知,使其有力之道,唯有表证给他们,究有何等事工,他们可以热烈参加,以表现其潜能,以发展其人格。“必有事焉”,而后一切教育、一切运动才有依据,才能生效。

2. 宣扬技巧。社政既以发挥民力为目的,便应提倡以事实为根据的宣扬。社政亟须能引人而合理的宣扬技巧,以产生大家对于社政积极关心参与的效果。人民固然将要由于此种宣扬而生合力,以谋相互的福利,也将给予社政人员莫大的鼓舞。社政人员将因报告宣扬所得的反响,而反省事工成败之缘由,以为再度勇往迈进的动力。[①]

3. 民主精神。行政仅为“能”之运用，而人民乃系“权”之主体。权能相成，政治过程乃告圆满。社政凭借报告之功，一方督促人民，使之所知努力；一方由他们那里得到舆论，以为用权之参考。如此乃能有真正民主精神，而社政对于社会建设的使命，便可说完成大半了。

① Routzahn M S and Evart G. “Publicity for Social Work” Russell Sage Fdn, 1928. ——作者注

第七章　社工干部教育

无论社会机关行政，或者公共社会行政，都要依据以社会需要为基础的方针或政策。社会政策较为具体的表现，是各种社会立法。政策和立法，都只是轮廓，只是方向。[①] 究要如何去实行才不

① 1942年10月11日至18日，社会部召开第一次全国社会行政会议，曾制定三民主义社会政策八大纲：一、民族质量之增强；二、社会文化之提高；三、礼俗宗教音乐之改革；四、劳工政策与社会保险之成立；五、灾荒之救济；六、孤独废疾之拯恤；七、社会病态之医治；八、社会物质之保护与保育。社会部人口政策、劳工政策、农民政策、儿童福利、社会安全计划等研究委员会的研究报告足为施政及干部教育之参考。社会立法方面，已有社会部编印的《社会法规汇编》两辑（第一辑1942年9月，第二辑1944年2月）。现在正在准备或立法程序中者有儿童法、健康保险法等。历次社政会议的决议案，也有指示方向的价值，第一次全国社政会议综其要义为：一、确定三民主义社会政策之施政方针；二、完成三民主义之社会组织；三、确定社会福利制度；四、推进儿童福利与劳工福利业务；五、推行社会保险与职业介绍；六、加强合作与运用；七、加强人力动员；八、协助改善兵役与管制物价工资；九、提倡战时生活，转移社会风气；十、厘定收复区及战后社会之重建方案；十一、确立人事制度，宽筹事业经费；十二、推进边疆福利事业；十三、战时及战后各种社会问题之解决，以及机构之充实，事业之创导。1944年3月16日至22日社会部召集社会行政检讨会议，认为以往的缺点是：一、机构不健全；二、人事 （转下页）

致与政策乃至立法之精神相乖张，才能积极地完成政策立法之使命，才能把工程师所打的图样实现出来，便需要富有专业训练的人员，也就是需要专门的建筑师和工匠了。社工新兴，其专业性还亟待发展，乃是因为社工所努力者，是“古已有之”“由来已久”的。既然古已有之、由来已久，便易“司空见惯”，便易以为谁都能够担任。正如许多人，以为生育子女是任何妇人都能办理的，不必假手他人，为什么要助产士，要产科医师呢？此种观念之错误，虽可不言而喻，但在目前国内，岂不太为普遍吗？类此的错误观念，在社工方面更为流行，以致在其有效的实施上成了最大的障碍。我们不能不确认，社工成功之基础，离不开专业技术，而专业技术，只有精干的专业人员才会应用。同时也须确认，所谓专业，并非专得不与人相干的意思。事实上，社工人员所专的，便在善于应用“助力”，精于取得“联系”上面。

社工的专业人员，可以分为两种：一种是社会服务人员，一种是社会行政人员。社会行政人员须是由社会服务人员之中，按照其“组织”“任人”和“监督”的能力选拔出来的，才配成为社会工作的领导人物。

（接上页）不健全；三、工作欠积极与切实；四、经费太少。今后社政趋向为：一、由体制的建立，进入体制的运用；二、由事业的倡导，进求事业的开展；三、一面应抗战需要而动员，一面做战后复员的准备；四、一面切实行使政府监督指导权，一面积极发动社会的力量（见会中谷正纲部长训词）。——作者注

社会工作人员之教育，应以“训练”“服务”“研究”三者合一为最高原则。其具体机构可以分设“专修科”“大学系”“研究所”。不仅政府设立，更应发动社会力量，鼓励私人在全国的整个计划之下设立起来。

为教育社会工作人员而设立的大学学系，应以下列五项课程为主：① 一般社会科学——尤其社会学，以为确定工作态度的依据和认识社会问题的基础；② 明了社会建设之国策及其背景——以使专业之努力与建国之需要密切配合；③ 卫生及教育之技术——以为引发民众的具体手段；④ 个案工作、社团工作、社区组织之技术——以为解决社会问题之专业工具；⑤ 实习之配备——以体验社会问题及其解决。[①]

至于具体科目则应如下。

一年级——一般社会科学及求学工具：包括三民主义、社会学、政治学、经济学、法学通论、社会人类学、应用心理学、应用文、外国语、体育习惯（国文史地及自然科学，须在中学提高程度，而不在大学重复）。

二年级——社会现状：包括社会工作导论、社会研习方法、婚姻与家庭、合作经济、社会保险、社会教育、公共卫生、民法、行政

① 关于“习”之重要，我们不但有鉴于英美社工教育的方法，我们更受颜元（习斋）、李塨（刚主）学说之影响。——作者注

法、地方行政。

三年级——社工技术：包括家庭个案工作、医药个案工作、精神病人个案工作、社团音乐及舞蹈、社团工作、社会救济史、社会实验史、社区形态及其组织、民众组训、社工宣扬、社会机关参观、社工实习。

四年级——社工推广：包括农民政策、劳工政策、人口政策、其他社会政策、社会立法、社会行政、高级社工实习、论文。

社工专修科的科目，可以上列的大学学系二、三年级课程为主。社工研究所则应该加深三、四年级课程之探讨。

根据我们对于社会研习的认识(第二章)，在教育社工人员的时候，更应为他们准备研习场所。无论都市、乡村、边疆社区里的任何优良服务机关或场所，均应尽量与之合作或利用，由学校经常派生前往研习。为了研习条件之便于控制，学校更得附设都市、乡村或(及)边疆社工研习站(队)，以便师生之研究与实习。每个寒暑假均应尽可能为学生安排服务或实习的工作。学期排课，每周还应有一日以上的全日空间，以便学生之出外实习。第四年级之后半年，如能停止课室课程，而以其全部时间实习并写论文，则尤为理想(前列之实习科目，分在三、四年级，乃就现状之可能而言)。

有时为了紧急而特定的一项工作，需要大批人员，来不及在正式学校加以教育，而须施行短期训练，其主要原则应无大差别。所以我们在草拟《善后救济福利人员训练大纲草案》的时候，[①]为了“甄选正直健全学验相当之人员，加以训练，使充实有关业务之知能，培养高尚品格及服务精神，期能提高工作效率，树立良好风气。以资取信于联合国，而开建设新社会之前路”，拟定关于善后救济福利人员的训练要旨，原文如下。

甲、严格甄选，树立风气——征求访聘受训人员，详予审查，严格甄试，务求学验充实，信誉素著者，期来者皆正直之人，广总署招贤之路，斯社会之观感为之焕然，新的风气立其始基。

乙、阐明政策，指示原则——讲述总理遗教、总裁言行、基本国策、战后计划、联合国协定议决案等，以明工作之最高原则。

丙、认识社会现实环境——讲述军事、政治、社会、经济现状，社会演进大势，以资正确认识现时情况，而明工作环境。

丁、充实能力，娴熟技术——授以主持机关及领导办事之要领及各种业务之技术，讨论实施办法，并反复练习，以资娴熟。

经常的社工干部教育，如果以全国为对象，便会发现，我们以往太忽略了乡村和边疆。

社区可以分为三种型类：即以工商为主的都市、以农耕为主的

---

① 该草案根据我国代表于 1944 年 9 月提出联合国救济善后总署（United Nations Relief And Rehabilitation Administration）的中国善后《救济计划》之分类计划“九、社会福利”及“十、流离人民”二件，由章元善先生主持于 1945 年 2 月 15 日草拟完成，由中国国际救济委员会油印成册。——作者注

乡村、以畜牧为主的边疆。工商之距农耕，较比农耕之距畜牧，是更远的，尤其在社会距离上是如此。

抗战以前，高等教育机关全在少数的都市里，其不注意乡村，是很自然的。其所训练出来的学生与中国大部分社会的脱节，也是很自然的。抗战以来，许多大学虽然疏散到了乡间，而且大学生下乡运动已有十多年的历史，可是大学生之了解乡村，其程度仍极浅陋。

然而他们更茫然的，还是关于我们那农耕文化之边缘的边疆。在抗战建国的需要上，大学生之不能忽略边疆研究与工作，应是大家所知道的。那么，把所有的大学生都搬到边疆上去吗？这自然是事实所不许，也非大学教育在一个现代国家之建立过程中所必为。

除了乡村和边疆本地所设的高等教育或其他干部培育机关以外，无论在哪里的大学，都须为了有志乡村或边疆的青年，做一种初步历练的准备。乡村或边疆，并非乡村人或边疆人的乡村、或边疆，而全是国家的。凡是国民，自都有参加乡村工作或边疆工作的义务和权利，只要他配。

怎样才说得上“配”呢？为首必须在专业之外，有那初步历练的准备。历练须有步骤。常人很易想到，为了乡村工作的历练场所，既然已经在乡村展开，则为了边疆工作的历练场所，自然也要在边疆了。实则并不尽然,因为现在的大学生,全是在都市过惯了的青年,怎会一出校门,便能立刻适应了边疆文化呢?无论衣食住行,都没法适应,连那"人同此心,心同此理"的人心,也因为文化表皮之难于揭穿,而易发生误会,发生冲突,还谈得上什么"导进"的作用呢?于是我们相信,由都市立刻到边疆,是一个太大的转变,非现时的一般青年所能适应。

所以,不但为了乡村工作要把历练的功夫放在乡村,为了边疆工作,也要把历练的功夫先放在乡村,作为一个过渡。这初步的准备,不但是边疆干部教育所必需,也是对于乡村有百利而无一害的,因为乡村工作仍然缺乏多数知识青年之研究与学习。这是个一箭双雕的办法。

那么,乡村和边疆的"准干部",将在乡村研究得什么,学习得什么呢?

第一,了解人之所以为人——在乡村,"人"是不易"打开"的,然一旦打开,你便可坚实把握着他们的"内心"了。在你学习打开的技术时,你便走上了对于人的了解之路,你便可能进而了解边疆上的人了。任何文化型下的人,你都可以同他们接触,同他们共信共鸣,从他们所已有的,共同去创造新的了。

第二,懂得功能的社区观点——在乡村,社区之为社区,是最易发现的。社区好像是个蛛网,上面的蛛丝,便是社区里各种错综配合、互相作用的制度，而社区之核心便如蜘蛛所在的“中军帐”。社区核心——无论是地理的还是社会关系的核心——在乡村，是极其显然而易看出其所在的。这种核心大半就是集市场镇。我们为了社区改进，已知必须研究其组织，我们也必须应用“射人先射马，擒贼先擒王”的道理，把握着社区核心之支配和领导的作用。应用惯了这社区核心的概念，以及一切有关社区的概念，则边疆社区之改进的努力，才算有了入手法。

第三，应用专业技术于社会——乡村可用的专业技术，其办法可用之于边疆者，不胜枚举。教育上的导生传习，医药上的巡回治疗与预防接种，农林渔牧之巡回转导，物资供求之合作经营，固然如此；社会工作里的家庭之访谈与协助，娱乐事物之灌输，社团组训之发展——哪一种专业技术，不可以先在乡村里研究了、学习了，然后再到边疆上，加以必要的文化适应，而有效地实施下去呢？

第四，确知福利政治乃是真政治——在乡村，民众怕政治，因为，在乡村，实在还只有打官司，缴钱粮，受征发，才被认为是“政治”。民众所享受的一点利益，还很少由行政机关直接得来的。社会工作将使今后的政治，日渐减轻其“权力”意味，而逐增其“福利”内容。[①] 这种内容，在乡村必须充实，在久被歧视的边疆，更须充

① 拙作：《社会救济法与福利政治》，1944 年 1 月 5 日重庆《益世报》专论。——作者注

实，才说得上大家团结，才说上真正的共和。对于福利政治的如此认识，是在乡村里做了上述三项功夫之后，才能把握得住的，也才能进而入于边疆，无往而不利的。

我们之所以如此提倡乡村和边疆的社工干部教育，并没有轻视都市方面的意思，不过想要提醒大家，去注意平常所过于忽略了的而已。

第八章　社工所需的社会学概念

许多人给社会工作下了定义，比如说，社会工作是：

“协助人类从事共同生活的一种学术。”(Emory)[①]

“帮助人们解除困难的一种艺术。”(De Schweinitz)[②]

“适应个人关系的艺术。”(Queen)[③]

“调适个人间关系及种组社群之一种技术。”(Warner，Queen，and Harper)[④]

---

① Emory E V. The “Lens” Los Angles Chapter. “American Association of Social Workers” May，1928. ——作者注

② De Schweinitz K. “The Art of Helping People Out of Trouble” Houghton Mifflin，1925. ——作者注

③ Queen S A. “Social Work in the Light of History”. J B Lippincott，1922. ——作者注

④ Warner A G. Queen S A and Harper E B. “American Chavities and Social Work” T Y Crowell，1930. ——作者注

“使人适应环境的一种学术,工作目的大部乃在企图缓和环境因素所给予人类过于严酷的影响,另一部则欲发展人类之应付力量,以适应环境之要求。”(Lee)①

“依照科学的标准,在人类幸福关系下,产生变更或适应社会组织及行动的工作。”(Halbert)②

“以科学方法发展并适应人类关系的一个途径,使个人及社会获得常态生活,并且鼓励个人及社会向前进步。”(Gillin)③

“各种有关的社会服务活动的统称。事业的种类虽有不同,然皆视受救助者之需要,自愿地予以扶助,因为他们对于受救助者社会关系的改进,全都格外注意,也因为他们对于科学的知识与方法,全都予以充分利用。”(Cheyney)④

“四种主要活动之总称:贫穷之救济或预防,疾病之治疗或预防,罪犯之处理与改进,有碍工业与经济生活之改进的条件之铲除。”(Alden)⑤

① Lee Porter R. “Providing Teaching Material”“National Conference of Social Work”, 1920.

② Halbert L A. “What Is Professional Social Work”? ——作者注

③ Gillin J L. Ditmer C G and Cobert R J. “Social Problems”Century, 1928. ——作者注

④ Cheyney A S. “Nature and Scope of Social Work”N Y, 1927. ——作者注

⑤ 英人 Percy Alden 在 1928 年巴黎所开的第一次国际社工大会,不赞成 Cheyney 女士所提之定义,而提出此一列举式的定义——至少就英国而言。见 Klein P. “Social Work, General Discussion”“Encyclopedia of Social Sciences”, 1934. ——作者注

“以维持适应于当时文化思想的国民生活为目的之国家社会所为的一切事业。”(Salomon)[①]

“以增进社会生活之福祉为目的，而保护在一般社会制度下不能享受文化的国民生活的社会弱者，使其生活向上安定，达于一同程度的公私设施之总称。”(生江孝之)[②]

“救治社会疾患之烦恼者，更进而预防之，且图彻底建设之事业。”(谷山惠林)[③](按：以上三定义乃“社会事业”之定义。)

“一种方法与技术，代表关于人类与关于人类环境之探讨。”“并不如慈善事业之为一种美德，亦非一种人生哲学……由补救趋向预防方法……并不再以对付贫民之救济需要为满足……欲使个人恢复其在社区之正常地位，尽量控制各种障碍因素。”(O'Grady)[④]

“社会团体或政府机关或双方共同对于个人家庭或社区环境改进之努力，旨在使所有社会组织分子，如社会福利机关之受助

---

① Alice Salomon 著有“Die Ausbildung Zum Sozialem Beruf”Berlin，1927；“Soziale Diagnose”2nd Ed. Berlin，1927；“Leitfadender Wohlfahrtspflege”3rd Ed Leipsic，1928；认为“社会事业甚广泛，社会政策较狭隘，社会政策是使劳动地位向上的特殊政策与其他一切政策同为国家之法律设施。社会事业则超越上述范围，预防弊害于未然，或尽力于当事之诸种设施。”见马宗荣著《社会事业与社会行政》及李剑华著《非常时期之社会政策》。——作者注

② 日人生江孝之著《社会事业纲要》。——作者注

③ 日本平凡社出版之《大百科字典》，1932 年。——作者注

④ O'Grady J.“An Introduction to Social Work”Century，1928.——作者注

人、捐助人及执行人等社会化,即发展人类之‘我群感’,使人己福利视为一体。”(McChenahan)[①]

以上的种种定义都反映了若干事实,不过我们的时代和国家所要求的社会工作,却该是一种应用各种社会力量,减少妨碍社会接触的因素,进而增加此种接触的技术,其目的乃在扩展人格社会化的过程。所以我们所努力的社会工作,不仅是救助,不仅是预防,而更要促发(参见第一章)。

我们对于社会工作之所以有如此的认识,一方面固然由于社工经验之演变,一方面更因为社会学的科学研究已能为此种工作之理论基础。[②] 社会工作正确路线当然要由社会工作者自己来认定。不过社会工作到今天,大部还是“试误”的结果,社会学是可以叫它减少错误的。

现代社会工作要求社会学,凭借下面九类概念,[③]给它在事前发生指导的效力,在事后发生验证的作用。如果社会学者未曾在那些概念上致过力,或者所下的功夫不够,则只好让社会工作者仍然照着他的“拇指律”或试误法去前进。理论固然可以作为工作的指南针,但是不正确的理论还是不遵从的好,怕会被导

---

① McClenahan A B. “Social Work Theory and Practice”, 1932.

② MacIver R M. “The Contribution of Sociology to Social Work”Columbia, 1931. 其第五章专讨论社会工作对于社会学之贡献。——作者注

③ Eubank E C. “The Concepts of Sociology”D C Health, 1932. ——作者注

入歧途，何况有时“不知亦能行”呢？然而社会学已能证明它所用的研究方法为什么是最好的，其结论是比社会工作者自己所能得到的更为准确，更为通彻。社会学比社会工作更能利用观察、分析、假设、证验这一套科学方法，而不再单靠一种玄妙的领悟。社会工作者靠着他的经验，当然会“熟能生巧”地得出一些原理原则来，但是可能多走了许多冤枉路，而过分迟缓。所以我们需要在尚属驳杂的社会学体系中，找出正确的社工理论基础。

第一，“知”与“行”之关系为何？[①] 所谓知，即思考，唯人为能思考。社会学应该指出，人之知是怎样得来的？怎样创造的？行之动力又是出自哪里？然后社会工作者才能评价其“因势利导，使人自知，使人自动自助，而不强制代行”之努力。

第二，人类基本“愿欲”是什么？[②] 人类基本愿欲是不是要求安全，要求自由或活动？社会工作原只努力于安全之获得，所以讲救助；近来更努力于自由或活动之增加，所以讲促发。社会学对于社工，在这方面有何指正或启示呢？

---

① 《孙文学说》Mannheim，Karl. “Ideology And Utopia：An Introduction to Sociology of Knowledge”NY，1936；李安宅译，《知识社会学》，中华书局，1944 年；黄文山，《知识社会学与知行学说》《中山文化季刊》一卷二期，1943 年。——作者注

② 见第五章第 64 页注①，第 65 页注①②③。——作者注

第三,人为的"社会进步"是否可能?① 假若愿欲是不能满足的,假若社会是不能进步的,或者只是按着生长、衰退、灭亡的程序演变的,则社会工作必然劳而无功。又假若社会虽在进步,而却不需人力,则社会工作也是白费的。如果社会学证明社会现象不全是演生,而也是可以导进的,则社会工作有其重要的地位了。

第四,"个性"之发展怎样有赖于"社会化"呢?② 社会进步是不是只能表现在人格之发展上,社会学已可做正面的答复。它能为社会工作分析人格是怎样发展的——社会是怎样把各种社会力量加在个人身上,而使其应用此种种力量(所谓社会化),以发挥其潜能,而形成其个性的。那么,社会工作便明白它所应致力的重点了。

第五,"社会制度"怎么变迁?③ 社会学所分析的各种可以应

① Hambolt 和 Spencer 都倡导个人放任主义,人类只能"叙述"自然法则及社会势力。美国主张放任主义的社会学家有 Sumner W G. "What Social Classes Owe to Each Other",1882,以为人类仅能在某种条件下略为干涉影响其生活的势力。Ward L. "Dynamic Sociology",1883;"Pure Sociology",1903,主张社会现象有社会演生(Social Genesis)和社会导进(Social Telesis)两种;人类能凭借对于社会力之有意识的指导而改变社会演变之途径。Hobhouse L T. "Social Evolution and Political Theory",1911;"Social Development",1924,认为一切重要社会变迁,皆为人类意志发展的结果。Todd A J. "Theories of Social Progress",1918,提出社会进步之标准,一为人口(其测验包括① 平均寿命增长;② 个人适应性增加;③ 人生艺术改进;④ 生活标准提高),二为健康与长寿,三为财富,四为道德(其测验包括纯洁、公平、正义、大公)。——作者注

② MacIver. "The Community", Cooley C H Ch Ⅸ. "Social Organization" Scribner's, 1909;Snedden D Ch ⅩⅤ. "Educational Sociology" Century,1922. ——作者注

③ Sumner W G "Folkways" Ginn, 1906. Park Burgess and Mckenzie "The City", Smith and White "Chicago: An Experiment in Social Science Research"中 Burgess 等之论文。——作者注

用的社会力量，是哪里来的呢？如果只有社会制度才能发生真正深入的社会力量，那么，社会学应该指出各种社会制度怎样形成，怎样作用，以及怎样僵化。然后社会工作者在具体的制度当中，才能洞察哪种是合乎人类基本愿欲，而应加以创设，加以充实的；甚至深知哪种是失了原来的意义，只剩躯壳和渣滓，应该加以修正、剔除或代替的。

第六，“社区”之各种形态与内容如何？[①] 社会学证明了，社会制度之综合的表现，便是社区。社区即是制度之网。知道了制度之间，在社区意义上，如何有着功能的关系，如何动其一，则必影响其余，然后社会工作才能有个通盘的认识，才能大处着眼，小处下手，才能针对社区型类之差别，加以必要的调适。

第七，“计划”与“组织”之精义何在？[②] 社会学要指出试误的方法怎样不够，个别的努力怎样只能引起重复与冲突。于是必要分工，必要合作。社会学要说明分工合作是不是组织。所要有效地组织起来的，要怎样才算是有计划的？社会工作不局限于零星补缀，它要配合在通盘的计划里。例如，民众组训，是社会工作之一部，要如何才能真正有组织、有训练，便需要社会学阐扬组织和

---

① 见第五章各注。——作者注

② Mannbeim K. “Man and Society”，他认为自由有三种：机遇的（适应的），发明的（控制的）和计划的。计划与组织乃所以达成真正的自由。——作者注

计划的道理了。

第八，怎样分析各种“社会过程”？① 就人的社会化说，有冲突、竞争，有协和、一致；就制度之演变说，有创设、配合，有脱节、改制；就社区之形成与改组说，有核心之建立，有人之分工合作，有制度之补充连锁。凡此种种过程，都是社会学已经加以分析、研究的，可以使社会工作者预先知道，必经的阶段将会是些什么，而获得更高的效率。

第九，“社会制裁”有何不同的方式？各可加以如何的运用？②社会工作就其要控制别人、要改造关系说，实在含了若干的政治性。不过，它不必用强力来达到目的；事实上，社会工作正用了强力以外的各种社会制裁的手段。社会学可能告诉社会工作者，哪种制裁手段在哪种场合是最有效的。

以上九大问题，至少为了社会工作的缘故，应该是社会学的主题。我们已经看出，科学的社会学能够相当圆满地予以答复，而为社会工作者努力的依据了。我们所倡导的社会工作便是以这种社会学的认识为基础的。

---

① Park and Burgess. “Introduction to the Science of Sociology”，1924，分析 Conflict，Competition，Accomodation，Assimilation；Eubank E C. Ch XIII “Concepts Pertaining to Societary Action”“The Concepts of Sociology”，1932. ——作者注

② Ross E A. “Social Control” Lumley F E. “Means of Social Control”；Keller A G. “Societal Evolution”. ——作者注

后　　记

作为民国时期较有影响的社会学家，蒋旨昂的名字及其著作久已淡出人们的视野，这似乎是一种历史的悲哀。在河北教育出版社与中国社会工作教育协会规划整理《社会工作学术文库》系列丛书时，蒋旨昂的《社会工作导论》被列为首选书目之一。为了取得该书著作权的授权许可，我们开始了寻访蒋旨昂后人的工作。承金开泰老先生提供蒋旨昂女儿的姓名与生活地点线索，我们找到了蒋引丝中学时期的班主任孟福谦老师，在孟老师的热心帮助下，终于和蒋引丝取得了联系，并拿到了授权书。对于金开泰老先生和孟福谦老师的热心帮助，在此表示深深的谢意。

为了保持原著的风貌，这次整理仍沿用原著的体例，基本上没有对全书的内容进行改动，只是将原有的民国纪年改成公元纪年的形式,以适应当下的阅读习惯。为了使读者更好地了解蒋旨昂的社会工作思想,我们还选录了他的三篇论文一同刊出。其中,“卢家村”是蒋旨昂在燕京大学求学期间所做的调查报告,内容翔实,数据准确,但篇幅稍有些长,不免有喧宾夺主的味道,不过我们还是决定收入进来,作为一个很好的解剖案例供读者品味。

自1912年北京社会实进会成立算起,中国社会工作已经走过了一百多年的历程。无论其中经过了多少反复,中国社会工作终于蓬勃地发展起来了。在一百多年的发展过程中,中国社会工作理论界和实务界留下了许多珍贵的历史资料,今天仍然是中国社会工作向前发展的动力源之一。为了深入发掘中国社会工作的宝贵遗产,以服务于当下的社会工作事业,我们特别推出“中国社会工作史料汇编”(第一辑)。

“中国社会工作史料汇编”(第一辑)共有6种图书:《社会工作导论》(蒋旨昂著)、《现代社会事业》(言心哲著)、《医院社会工作》(宋思明、邹玉阶著)、《精神病之社会的因素与防治》(宋思明著)、《社会救济》(柯象峰著)、《社会事业与社会建设》(复旦大学社会学系编)。

本书系根据1946年商务印书馆版本整理,整理者为彭秀良。

“中国社会工作史料汇编”(第一辑)编辑委员会

2018年10月